CUSTOM iSTUDY

カスタム アイ スタディ

小3

| 英語 | 国語 | 算数 |

| 理科 | 社会 |

about CUSTOM i STUDY

『カスタムアイスタディ』は、おしゃれが大スキな小学生のための問題集だよ！
おうちの方といっしょに、問題集・付録の使い方や、特集ページを読んでみてね☆

CONCEPT

1 小学3年生で習う5教科の基本が、この1冊で学べちゃう♪

2 「ニコ☆プチ」コラボの特集ページでやる気 UP ↑↑

3 手帳に予定を書きこんで、勉強も遊びも自分でカスタム☆

もくじ

🌸 問題集の使い方 🌸

すべての教科で、1単元1〜2ページの構成になっているよ。
1ページに2つの大きな問題があるから、1日に取り組む問題の数を
自分で決めることができるね。取り組むペースに迷ったら、
5ページの「スタディタイプ診断」で、自分にぴったりなコースを見つけよう！

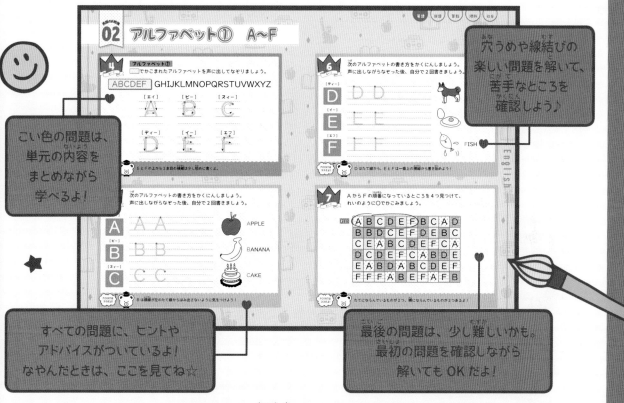

こい色の問題は、
単元の内容を
まとめながら
学べるよ！

穴うめや線結びの
楽しい問題を解いて、
苦手なところを
確認しよう♪

すべての問題に、ヒントや
アドバイスがついているよ！
なやんだときは、ここを見てね☆

最後の問題は、少し難しいかも。
最初の問題を確認しながら
解いてもOKだよ！

\ いろんな問題形式で楽しく学べちゃう♪ /

日記風

カード風

ナゾトキ風

会話風

手帳・シールの使い方

1週間ごとに問題集に取り組む予定を書きこんで、
クリアしたものをチェックしていくよ！
予定シールやデコシールをはって、自分だけのオリジナル手帳にカスタムしよう☆

スケジュール

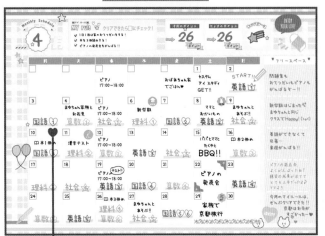

How To Use

1️⃣ **1週間分の予定を書きこむ。**

> 遊びや習いごとの予定も書いちゃお☆

↓

2️⃣ **その日クリアした予定を
チェックする。**

> ペンやマーカーで
> かわいくデコろう♪

↓

3️⃣ **1週間をふりかえる。**

> がんばった自分を
> ほめてあげてね！

その日取り組む
問題番号を書きこむよ♪

シール

メモ

お絵かきやちょっとした
メモ書きに。自由に使ってね♪

プロフィール

覚えておきたい情報や、
自分の成長の記録にもなるよ☆

時間割

スケジュールをたてるために、
時間割のチェックは大事！

「カスタムアイスタディ」をGETしたけど
最後（さいご）まで続（つづ）けられるかな？

プチモ
山腰理紗（やまこしりさ）ちゃん

自分にぴったりの
「スタディタイプ」を見つけてね☆
「スタディタイプ診断（しんだん）」で「YES」「NO」に答えて
それぞれのタイプのスケジュールのたて方や
勉強（べんきょう）テクをマネしてみよう！

プチモ
川瀬翠子（かわせすいこ）ちゃん

スタディタイプ診断

START

流行（りゅうこう）のファッションを
チェックしている

№ →

負（ま）けずぎらいなほうだ

Yes →

予定を立てるのは
ニガテ

↓Yes

好（す）きなものは
最初（さいしょ）に食べるほう？

№ →

かわいいより
かっこいいって
いわれたい！

№

↓Yes

↓Yes

どちらかというと
あまえるのが上手

↓No

めんどう見がいいって
よくいわれる

Yes

今、習いごとに夢中（むちゅう）！

№ →

№

その日に必（かなら）ず
やること（き）を決めている

Yes

№

↓Yes

№

↓Yes

№

↓Yes

毎日コツコツタイプ
自分のペースで少しずつ進（すす）めるタイプのあなたは、毎日1題ずつ取り組んでみよう！約半年（やく）でマスターできるよ☆

▶ p.006-007

サクサク先（せん）どりタイプ
あれもこれもちょう戦したいタイプのあなたは、毎日2題ずつ取り組んでみよう！約3ヶ月でマスターできるよ☆

▶ p.008-009

夢も勉強も欲ばりタイプ
やりたいことに一生けん命（めい）なあなたは、1週間に4題取り組んでみよう！約1年でマスターできるよ☆

▶ p.010-011

毎日コツコツタイプ

読書もピアノも
毎日少しずつ!!
1ヶ月でデキル子に
なる!!

すごーい!!

1日1回のおてつだい！
この日は朝から
がんばっちゃった★

平日のスケジュール

わたしの一日♡

7:00	起きる
	お花の水やり→朝ごはん→通学
8:00	
	学校
16:00	きゅうけい→ピアノ教室へ！
17:00	ピアノのおけいこ
18:00	帰る
18:30	夕ごはん
19:30	学校の HW とカスタム
20:30	おふろ
21:30	ママとマッサージしあいっこ
22:00	読書
22:30	ねる

この日、めっちゃ
スッキリねむれたなぁ。
なんでだろう？

!?

ねる前の読書が
いいのかも？！

Monthly Schedule 4

MY rule ♡♡ クリアできたら□にチェック
- ☑ 1日1回は家のおてつだいをする！
- ☑ 本を3冊読みきる！
- ☑ ピアノの発表会をがんばる!!

月	火	水	木
□	□	□	□
		ピアノ 17:00〜18:00	
3	4 まゆちゃん家族とお花見	5 ピアノ 17:00〜18:00	6 新学
国語①	算数①	社会☆①	理科
10	11 漢字テスト	12 ピアノ 17:00〜18:00	13
📖本1冊め 国語③	理科②	算数②	英語
17	18	19 テスト!! ピアノ 17:00〜18:00	20
理科③	社会☆	英語③	国語
24	25	26 📖本3冊め	27
算数⑤	英語⑤	理科 算数	社会

テスト

Point!!
毎日1問ずつ
解いていくのがポイント★
時間を決めておくといいかも？
わたしはおふろの前！

『毎日コツコツタイプ』さんのトクチョウ

#マイペース #あまえ上手

友だちから「マジメ」「字がキレイ」とよく言われる！
そんなアナタは、自分のペースで努力を続けることができるはず☆
小さなコツコツを積み重ねて、1年後にはもっとステキな自分になろう！

ONE POINT 勉強や習いごとをがんばった日は、
ペンやシールでかわいくデコって、自分をほめちゃおう☆

今月のポイント
26 ポイント

ちょきんポイント
26 ポイント

キラキラシール

ENJOY YOUR LIFE!

金	土	日
あちゃん家 ほん♥	1 カスタム アイ スタディ GET!!	2 START!! 英語①
語②	8 ママと おかいもの 英語②	9 まゆちゃんと あそぶ!! 社会②
会☆	15 パパとママと たくやと BBQ!!	16 本2冊め 算数
数	22 ピアノの 発表会	23 英語④
⑤⑥	29 家族で 京都旅行	30

♥ フリースペース

問題集も
おてつだいもピアノも
がんばるぞー!!

新学期はじまった✨
まゆちゃんと同じ
クラスでHappy!(´>ω<)

英語ができなくて
反省…
来週がんばる!!

ピアノの発表会、
よくがんばったね！
練習の成果が出てて
とても上手だったよ♪
ママより

今月のマイルールは、
ぜんぶクリアできた!!
京都はお寺が
すごかったー

LOVE??

勉強のお守り買ってもらったよ！
レンアイのお守りもほしかったな

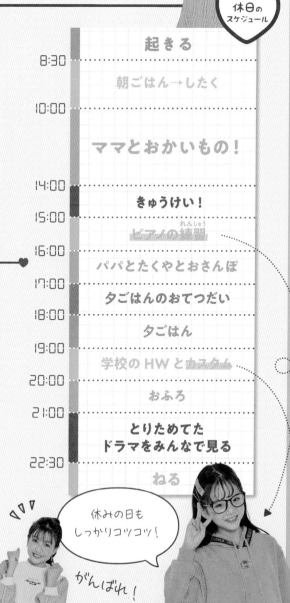

休日の
スケジュール

8:30	起きる
10:00	朝ごはん→したく
	ママとおかいもの！
14:00	きゅうけい！
15:00	ピアノの練習
16:00	パパとたくやとおさんぽ
17:00	夕ごはんのおてつだい
18:00	夕ごはん
19:00	学校のHWとカスタム
20:00	おふろ
21:00	とりためてた ドラマをみんなで見る
22:30	ねる

休みの日も
しっかりコツコツ！

がんばれ！

いろんなことに興味シンシン！
サクサク先どりタイプ

Good Point !
朝の時間を活用してるんだね！

朝は問題を1問解くって決めてるの！

今月は予定がいっぱい！メリハリつけてがんばるぞ〜

平日のスケジュール

7:00	起きる
	カスタム
7:30	朝ごはん→通学
8:00	
	学校
16:00	
	英会話
17:30	きゅうけい！
18:30	学校のHWとカスタム
19:30	夕ごはん
20:30	おふろ
21:00	テレビ見ながら家族とおしゃべり
22:30	ねる

Monthly Schedule

MY rule ♥ クリアできたら□にチェック
- ☑ 塾の宿題は次の日におわらせる！
- ☑ 英会話でならった単語は、次の週までにおぼえる！
- ☑ 土日は家のお手伝いする！

5月

月	火	水	木
1 英語♛ 国語♡	**2** 算数⑩ 理科⑩	**3** GOOD! おじいちゃんの →	**4**
8 算数⑪ 理科⑪	**9** 英会話 16:00〜17:30 社会☆ 英語⑪	**10** おこづかい日♥ 国語⑪ 算数⑫	**11** 理科⑫ 社会☆
15 理科⑬ 社会☆	**16** 英会話 16:00〜17:30 国語⑬ 算数⑭	**17** 理科⑭ 社会☆	**18** 英語⑭ 国語⑭
22 買い物 あすかとかいもの 国語⑮ 算数⑯	**23** 英会話 16:00〜17:30 理科⑯ 社会☆	**24** 遠足 遠足	**25** 英語⑮ 国語⑮
29	**30** 英会話 16:00〜17:30 算数⑰ 理科⑱	**31** テスト 音楽のテスト！ 社会☆	

少しずつ英語を話せるようになって楽しい★めざせ！海外！

カッコイイ〜

今回の遠足ではミュージカルを見に行くんだって！楽しみ〜〜♪

『サクサク先どりタイプ』さんのトクチョウ

#できるコ　#たよれるリーダー

しっかり者で「かっこよくなりたい」コが多いタイプ！
アナタはきっと、自分みがきをがんばる努力家なはず☆
もっとデキル自分になるために、小さな目標を決めるといいよ♪

ONE POINT　約束やイベントがある日をカラフルにデコっちゃおう♡
その日にむかって、やる気もアップ！

休日のスケジュール

今月のポイント **43** ポイント
ちょきんポイント **85** ポイント
チェックシール
\STUDY!/

金	土	日	♥フリースペース
旅行	6 あすかの誕生日 社会☆	7 英語⑬ 国語⑭	ひさしぶりにおじいちゃんに会えた!! 庭でいっぱいあそんだ!!
まり!! →	13 国語⑫ 算数⑬	14 イベント まきとあやと **遊園地**	遊園地にいくために、カスタムも宿題もしっかり頑張れたよ！
0～19:30	20 お母さんとあすかとピクニック♪ 数⑭	21 理科⑮ 社会☆	ピクニック、とても楽しかったね。その日にできなかった勉強を、次の日にしっかりやっていて、とてもエライ!!!
0～19:30 テスト	27 美容院 算数 理科⑰	28 あやと映画&ショッピング 社会⑯	遠足のミュージカル、とっても感動した!!! 俳優さんたちがとてもかっこよかった♥

歌のテスト、とってもキンチョーした!!(>△<)
でも、先生に「上手!」ってほめられたよ！

	休日のスケジュール
8:30	**起きる**
	朝ごはん→したく
10:00	**1週間の復習 & カスタム**
12:00	**お昼ごはん**
13:00	
	友だちと映画 & ショッピング
17:30	**家のおそうじ**
18:30	おふろ
19:30	**夕ごはん**
20:30	**YouTube 見たり 本を読んだり**
22:30	**ねる**

妹といっしょにアイドルのダンスを見ながらおどるのがすき♡

Point!! 休みの日は午前中に勉強して、午後は思いっきりあそぶんだ～♡

どんなことでも一生ケンメイ！

夢も勉強も欲ばりタイプ

おはよ〜！

#Morning Routine ♡
スッキリめざめて
1日ゲンキ！！

Good Point！
朝から
エネルギッシュ！

今月末は運動会！
1位になるために
がんばるよ！

平日のスケジュール

7:00	起きる
	ランニング
7:30	朝ごはん→通学
8:00	
	学校
16:00	きゅうけい！
17:00	バレエの練習
18:00	
	夕ごはんのおてつだい→夕ごはん
19:30	学校のHWとカスタム
20:30	おふろ
21:30	テレビ見ながらストレッチ
22:30	ねる

#Night Routine
毎日続けて
やわらかく
するぞ！！

やらない日があってもOK！！
ムリのないペースで
がんばろう！

Monthly Schedule

9月

▼マイルール♡ MY rule ♡ クリアできたら□にチェッ
- ☑ 2日に1度は運動する！
- ☑ 運動会の50m走で1位をとる！
- ☑ 塾のテストで90点以上とる！！

月	火	水	木
3 新学期 算数⑲	4 理科⑰ 社会⑱	5 ゆうくんの家でゲーム大会！	6 塾 17:30〜
10 国語⑲	11 算数⑳	12 塾のテスト勉強！！	13 塾 17:30〜
17 英語⑱	18 国語⑳	19 📖新刊本発売日 算数㉑	20 塾 17:30〜 理科
24 社会☆	25 さっきーバースデー 英語☆	26 国語㉑ 算数	27 塾 17:30〜

この2日間は読みたい本が
あったから一気読みしちゃった
その分、土曜日にお勉強を
がんばったよ！！

『夢も勉強も欲ばりタイプ』さんのトクチョウ

#めちゃパワフル　　**#カラダが先に動いちゃう**

エネルギッシュで、「やりたい！」と思ったことはすぐに行動しちゃう！
自分がやりたいことは、先にしちゃってOK♪
後回しにしたことも、ちゃんとカバーできる人になっちゃおう★

ONE POINT　「勉強できなかった↻」日は、夜のうちにスケジュールを
見直して、かわりの日をすぐ決めちゃおう！

休日のスケジュール

9:00	起きる
	朝ごはん→したく
10:00	おばあちゃんの家にいく
12:00	お昼ごはん
13:00	
	友だちとあそぶ
17:30	塾のHWとカスタム
18:30	夕ごはん
19:30	お母さんとおさんぽ
20:00	おふろ
21:00	
	テレビ見ながらストレッチ
22:30	
	ねる

月のポイント 18 ポイント　**ちょきんポイント 101 ポイント**　チェックシール

CHALLENGE　Welcome♡

カレンダー

金	土	日
	1 英語⑯ 国語⑱	2 ★
～18:30	8 おばあちゃん🏠→あみとあそぶ 英語⑰	9 家族でおかいもの
～18:30	15 理科⑱ 社会☆	16 あみとさっきーと映画みる
～18:30	22 算数㉑ 理科⑲	23 家族で水族館
～18:30	29 運動会	30

♥フリースペース

夏休みおわっちゃった…。
でも、ひさしぶりに
みんなと学校で
会えるのうれしい✨

夏休みも楽しかったけど、
みんなと毎日会える方が
やっぱりいい！でも、
宿題はちょっとイヤかも…笑

塾のテスト、
いい点数とれた♥
テスト勉強してよかったー！

水族館すごくたのしかった！
ジンベイザメがかわいかった！
お父さんがジンベイザメの
ぬいぐるみ買ってくれたよ♥

運動会で一位とったね。
勉強も運動も頑張ってて
ステキだよ。

さすが！

この週はお母さんに
ほめられたよ◇

Point!!
お勉強は一気に
終わらせちゃう！
日曜日はゆっくりしたい
からネ！

011

学校 へん

小学生が知りたい！

なんでも

小学生115人にきいてみたよ。
みんなに学校とおうちでのこといろいろ教えてもらっちゃった♪

Q ランドセルの色はなに色？

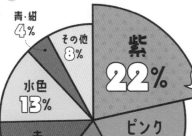

- 紫 **22%**
- ピンク **20%**
- 茶色 **19%**
- 赤 **14%**
- 水色 **13%**
- その他 **8%**
- 青・紺 **4%**

好きな色のランドセルにすると学校に行くのも楽しくなるね♪

ビビットピンクのランドセルの子もいてまさに十人十色だね！

Q 好きな教科は？

図工の授業が大人気だね☆ キミはなにを作りたい？

- 1位 図工
- 2位 体育（たいいく）
- 3位 音楽

Q ニガテな教科は？

- 1位 算数
- 2位 社会
- 3位 国語

ニガテな教科をこくふくすると、楽しく勉強（べんきょう）できるようになるかも♡

Q 好きな学校の行事（ぎょうじ）を教えて！

- 1位 遠足
- 2位 運動会（うんどうかい）
- 3位 社会科見学
- 修学旅行（しゅうがくりょこう）

おやつを持（も）っていくと盛（も）り上がることまちがいナシ！

Q 学校ではなんのクラブ（部活（ぶかつ））にはいってる？

- 1位 手芸（しゅげい）クラブ
- 2位 家庭科（かていか）クラブ
  パソコンクラブ
  バドミントンクラブ

Q 将来（しょうらい）の夢（ゆめ）はある？

- ない **27%**
- ある **73%**

今はまだ見つからなくてもダイジョウブ！あせらずに自分の好きなものやことを見つけることから始（はじ）めよう！

Q 「ある」と答えた人は 将来の夢を教えて！

- 薬（やく）ざい師（し）
- イラストレーター
- 助産師（じょさん）
- アイドル
- 作家
- じゅう医
- 学校の先生
- パティシエ
- YouTuber

ランキング おうちへん

みんなの知りたかったことはあったかな？
学校とおうちての過ごし方の参考にしてね。

Q 習いごとはしてる？

※複数回答あり

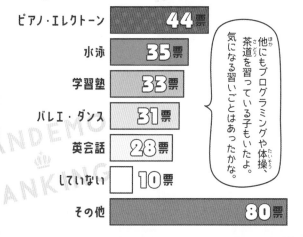

ピアノ・エレクトーン	**44**票
水泳	**35**票
学習塾	**33**票
バレエ・ダンス	**31**票
英会話	**28**票
していない	**10**票
その他	**80**票

他にもプログラミングや体操、茶道を習っている子もいたよ。気になる習いごとはあったかな。

Q 朝ごはんはパン派？ご飯派？

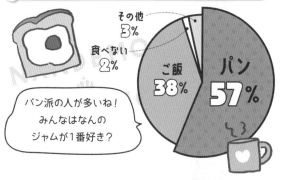

その他 3%
食べない 2%
ご飯 38%
パン 57%

パン派の人が多いね！
みんなはなんの
ジャムが1番好き？

Q スマホ・ケータイは持ってる？

家の人のものを持っている 20%
自分専用のものを持っている 46%
持っていない 34%

スマホもケータイも便利だけど、安全に使うことが大事だよ！SNSとの付き合い方を考えよう。

Q 毎日なん時ごろに起きてる？

1位 6時30分
2位 ~7時 3位 ~6時

Q 毎日なん時ごろにねてる？

1位 21時台
2位 22時台 3位 20時台

Q おこづかいは毎月いくらもらってる？

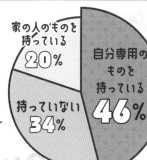

1位 もらっていない
2位 501~1000円
3位 301~500円

もらってない人の方が多いんだね！
もしもらえたらみんなはなにに
おこづかいを使う？

Q おこづかいはなにに使ってる？

1位 文具 2位 本 3位 飲み物

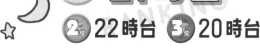

4位 友達との遊び 5位 コスメ

いろんな使い方があるね！
なにに使おうかなやんじゃう〜！

モチベアップ・テク紹介

ニコ☆プチ読者モデル（プチ読）のみんなに毎日の勉強のモチベーションを上げる方法をきいてみたよ。みんなにぴったりのテクが見つかるはず…！

01 文具

自分の好きなものに囲まれて勉強することでモチベアップ♡文具にもこだわるよ。

プチ読のオススメ

- かわいいペンを使うよ！（ERENAちゃん・小6）
- 筆箱は化しょうポーチにもなるようなかわいいポーチにするとよい！（ゆちゃん・小6）
- かわいいガラの新しいグッズをゲットするとやる気がでるよ。（RIRINちゃん・小6）

プチ読のオススメ

- 勉強後にYouTubeを見たり、ゲームをしたりすることを想像してモチベを上げるの♪（もなちゃん・小5）
- テストで100点とったらお父さんとお母さんからごほうびがもらえる！（みーたんちゃん・小2）
- 勉強が終わったらおやつを食べられることにしてモチベアップ！（キララちゃん・小2）

02 自分にごほうび

がんばった先にあるごほうびタイムを想像すれば、やる気がみなぎってくる！

03 勉強机にひと工夫

勉強机も素敵にデコレーションしてモチベアップ！座りたい机まわりにすることで、宿題をやりたくなっちゃうかも!?

プチ読のオススメ

- K-POP大人気グループのグッズを置いてモチベアップ♡（みゆちゃん・小5）
- 机の横にぬいぐるみを置いて集中！（りおなちゃん・小5）
- 机の上に好きなキャラクターのグッズを置いてやる気アップ！推し活グッズは大事！（ひなたちゃん・小4）

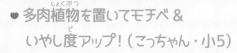

04 いやしグッズ

いやしグッズで心も身体（からだ）も
リフレッシュ！みんなは
なににいやされてるのかな？

プチ(読)のオススメ

- 多肉植物（しょくぶつ）を置いてモチベ＆
  いやし度アップ！（こっちゃん・小5）
- ねこをなでるといやされるよ☆（あおにゃーちゃん・小6）
- クマのグッズにいやされているよ♪
  いろんな種類（しゅるい）のクマが好き！（つむつむちゃん・小4）

プチ(読)のオススメ

- 勉強前にボーカロイド曲をきくとテンション＆
  モチベアップ！（ゆあちゃん・小6）
- ポップな音楽をきいてモチベを上げるよ。K-POP や
  ドラマの主題歌（しゅだいか）をよくきくかな♪（ナナちゃん・小4）
- 音楽をききながら勉強をするよ。今はやりの曲や
  TikTok メドレーがオススメ！（みきちゃん・小6）

05 音楽をきく

音楽をきいてモチベを
上げる子がいっぱい！
ノリノリな曲（きょく）をきいて
テンションを上げよう☆

06 その他（ほか）

プチ(読)のみんなが教えて
くれた「モチベアップ♡
テク」はまだまだあるよ！
ここで紹介するね♪

プチ(読)のオススメ

- ママとのハグでモチベアップ♡（みやねこちゃん・小4）
- 好きな人が頭が良いから、テストで100点を取って
  話しかけるネタを作るの！（みやかちゃん・小5）
- 先に遊（あそ）んでから宿題をするのもオススメ♪先に遊んだ
  ことで宿題をしなきゃいけない気持（きも）ちになるよ。
  （KURUMI ちゃん・小5）

＼ 親子で知りたい！ ／
YouTubeとの付き合い方♪

小学生の子どもをもつ保護者1676人に「お子さまがよく見るSNSやアプリは？」と聞いたところ、約7割が「YouTube」という回答でした。また、家庭学習のおなやみについて聞いたところ、「YouTubeと勉強のメリハリがつけられていない」「時間配分がわからない」「学校支給のタブレットがあるから、すぐにYouTubeをみてしまう」などのおなやみが多数寄せられました。今回は、本書の監修者である石田先生に「親子でどのようにしてYouTubeと付き合っていくか」という観点で、お話をうかがいました。

お子さまがよく見る
SNSやアプリは？

- その他 2%
- 特にない 17%
- Instagram 4%
- YouTube 66%
- TikTok 11%

▶ YouTube vs 勉強！ メリハリのつけかた

近年、小学生がなりたい職業の1位は「YouTuber」となっています。それほどYouTubeが子どもたちにあたえるえいきょうは大きいということです。しかしコロナ禍になり、YouTubeを見るだけでなく、発信する大人も増えました。それだけYouTubeは私たちにとって身近なものとなっています。YouTubeで学習することもあれば、ききたい音楽をきくこともできる多様なメディアになりました。

このように魅力的なYouTubeですから、当然のことながら、一度見始めるとやめられなくなり、いつしか何時間も見ることになります。またテレビと違って、近いきょりで画面を見続けるため、目も悪くなります。良いことがある反面、悪いこともあるわけです。ではどうしたらいいでしょうか。

上手に付き合えばいいわけです。そのためには2つのことが必要です。1つは「時間管理」、もう1つは「ルール作り」です。

▶「時間管理」と「ルール作り」

時間管理のコツは「見える化」です。『カスタムアイスタディ』のQ&Aでも書いているように、いつ何をやるのかを紙に書き出して、終わったら赤ペンで消していきます。その際、動画を先に見るのか、宿題を先にやるのかを決めます。迷ったらどちらの順番も試してみて、動画と宿題の両方ともできる方を選択しましょう。

ルール作りのコツは「親子でいっしょに作る」ことです。親の一方的なルールでは機能しません。

ルールの決め方
❶ 子どもはどう使いたいのかを話す
❷ 親はどう使ってほしいのかを話す
❸ ❶❷をもとに話し合ってルールを決める

ポイント
- ルールを守れなかったときのペナルティも子ども→親の順で決めておく
- 話し合いの様子を動画でさつえいしておく
- 1週間試してルールの修正をする

ルール決めは「子ども→親→話し合い」の流れで、子どもが納得するルールで始めることです。しかし、一度決めたルールはほぼ間違いなく守られません。そこで1週間後に修正することも、あらかじめ決めておきましょう。

これからの時代は娯楽だけでなく勉強も「ゲーム的、動画で学ぶ・知る・楽しむ」が主流になります。無闇やたらに厳しい制限も良くなく、心身に問題が出るほど自由にやりたい放題するのも良くありません。楽しむことができる水準を親子で決めていくことをおすすめします。

監修者　石田勝紀先生

（一社）教育デザインラボ代表理事。20歳で学習塾を創業し、これまでに4000人以上の生徒を直接指導。現在は子育てや教育のノウハウを、「カフェスタイル勉強会～Mama Cafe」などを通じて伝えている。

[Voicy]

LET'S STUDY

Custom i Study

～お勉強編～

もくじ

 〜英語のお勉強〜

> アルファベットの
> 大文字を学ぶよ！
> 名前を英語で書いてみよう♪

> かけ算・わり算が
> できるようになると
> かっこいいね！

> 国語辞典の使い方を知ると、
> いろいろな言葉を調べられるよ！

 〜国語のお勉強〜

 〜算数のお勉強〜

身のまわりの生き物や、
電気やじしゃくのせいしつを
見ていこう！

 ~理科のお勉強~

町の様子や、身のまわりの
人の仕事について知ると、
毎日が楽しくなる予感♪

 ~社会のお勉強~

おしえてっ！ 石田Ⓣ Q&A

みんなの勉強のなやみに石田先生がお答え！ おうちの方といっしょに読んでみてね。

 みんな

勉強っていつすればいいの？ 習い事に宿題に…時間がない！！

 石田先生

そうだね。いつやったらいいか、難しいよね。それは、自分のやることが、なんとなく頭の中に入っているだけだからなんだ。そんな時は、「やることを紙に書き出してみる」といい。手帳に書くのがおすすめだよ。今まで時間がないと思っていたのに、たくさん時間があることがわかるよ。

 みんな

勉強しなさい！って言われるのがイヤ…

 石田先生

なんで、大人は「勉強しなさい！」っていうんだろう？今やるべきことをやっていないと、後が大変だと知っているからじゃないかな。でも、言われるのはイヤだから、「言われる前に先にやってしまう」ために、「いつやるか」を決めておくといいよ。手帳に「6時～7時で勉強」とか書いておけば、おうちの人もわかってくれるね。（ただし、書いたらその通りやるようにね！）

 みんな

苦手な教科はやる気がしない…

 石田先生

そうだね。でも、苦手といってにげていたら、全くできない教科になるね。いい方法があるよ。それは、「サンドウィッチ方式」という方法。パンでハムをはさんでいるように、勉強するときも「好きな教科→苦手教科→好きな教科」の順にやってしまおう。最後に苦手教科が残っているのはイヤだよね。だから苦手教科は好きな教科にはさむといいよ。

 みんな

手帳のポイント制って何？どうすればいいの？

 石田先生

例えば、プリント1枚やったら1ポイントというように、手帳に書いてある「やるべきことを1つやったら入る点数のこと」をポイントというよ。ポイントは君がコツコツがんばった印なんだ。自分がどれだけやったかが「見える」とやる気がでるよね。ポイント制をぜひ試してみてね。

LET'S STUDY

English

~英語のお勉強~

もくじ

＊アルファベットの書き順は1つではありません。この本では代表的なものを示しています。

アルファベット

アルファベット

アルファベットの大文字を声に出して、読む練習をしましょう。

ABCDEFGHIJKLMNOPQRSTUVWXYZ

[エイ]	[ビー]	[スィー]	[ディー]	[イー]
A	B	C	D	E

[エフ]	[ヂー]	[エイチ]	[アイ]	[ヂェイ]
F	G	H	I	J

[ケイ]	[エル]	[エム]	[エン]	[オウ]
K	L	M	N	O

[ピー]	[キュー]	[アー]	[エス]	[ティー]
P	Q	R	S	T

[ユー]	[ヴィー]	[ダブリュー]	[エックス]	[ワイ]
U	V	W	X	Y

[ズィー]
Z

POINTはココだよ！ B[ビー]とV[ヴィー]、G[ヂー]とZ[ズィー]の発音のちがいに注意しよう！

2 えいご

AからZまでの点を、アルファベットの順番（じゅんばん）に線でつなぎましょう。

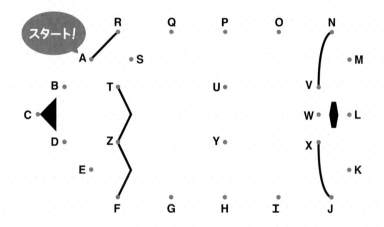

スタート!

	R	Q	P	O	N
A	S		U		M
B	T			V	
C				W	L
D	Z		Y	X	
E					K
F	G	H	I	J	

POINTはココだよ! 順番通りにつなぐと、絵ができるよ。ヒント：字を書くときに使（つか）うもの。

---

3 えいご

AからZまで、アルファベットの順番（じゅんばん）になるように、表（ひょう）の❶〜❻にあてはまる大文字を下からえらび、記号（きごう）を書きましょう。

スタート→	A	B	❶	D	E	F
G	H	❷	J	K	L	❸
N	O	P	❹	R	❺	T
U	V	❻	X	Y	Z	→ゴール

� ㋐ W　㋑ C　㋒ M　㋓ Q　㋔ I　㋕ S

POINTはココだよ! Aから順番に、声に出してリズムに乗（の）って進（すす）んで行こう♪

English

アルファベット① A〜F

4 えいご

アルファベット①

▨▨▨でかこまれたアルファベットを声に出してなぞりましょう。

ABCDEF GHIJKLMNOPQRSTUVWXYZ

[エィ]

[ビー]

[スィー]

[ディー]

[イー]

[エフ]

  EとFの上から2本目の横線は少し短めに書くよ。

5 えいご

次のアルファベットの書き方をかくにんしましょう。
声に出しながらなぞった後、自分で2回書きましょう。

[エィ]
 A A

 APPLE

[ビー]
B B B

 BANANA

[スィー]
C C C

 CAKE

 Bは横線が左のたて線からはみ出さないように気をつけよう！

6 えいご

次のアルファベットの書き方をかくにんしましょう。
声に出しながらなぞった後、自分で2回書きましょう。

[ディー]
D  DOG

[イー]
E EGG

[エフ]
F  FISH

 POINTはココだよ！ Dはたて線から、EとFは一番上の横線から書き始めよう！

7 えいご

AからFの順番になっているところを4つ見つけて、
れいのように〇でかこみましょう。

れい
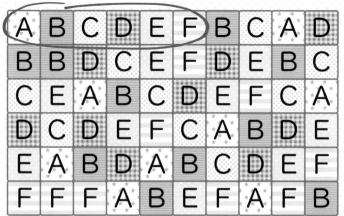

A	B	C	D	E	F	B	C	A	D
B	B	D	C	E	F	D	E	B	C
C	E	A	B	C	D	E	F	C	A
D	C	D	E	F	C	A	B	D	E
E	A	B	D	A	B	C	D	E	F
F	F	F	A	B	E	F	A	F	B

 POINTはココだよ！ たてにならんでいるものが2つ、横にならんでいるものが2つあるよ！

English

03 アルファベット② G～L

アルファベット②

でかこまれたアルファベットを声に出してなぞりましょう。

ABCDEF GHIJKL MNOPQRSTUVWXYZ

[ヂー]

[エイチ]

[アイ]

[ヂェイ]

[ケイ]

[エル]

POINTは ココだよ！ IとJとLの形のちがいに注意しよう。

次のアルファベットの書き方をかくにんしましょう。
声に出しながらなぞった後、自分で2回書きましょう。

[ヂー]

GUITAR

[エイチ]

HEART

[アイ]

INK

POINTは ココだよ！ Iの横線は、たて線の上と下にそれぞれ短く書こう！

English

10

次のアルファベットの書き方をかくにんしましょう。
声に出しながらなぞった後、自分で2回書きましょう。

[ヂェイ]
 J

 J J

 JUICE

[ケイ]
 K

 K K

 KING

[エル]
 L

 L L

 LEMON

POINTは ココだよ！　Jは左にカーブさせるよ。

 11

下のパズルを組み合わせて、書かれている文字を￣￣に書きましょう。

① 　②

③ 　④

① ＿＿＿＿　② ＿＿＿＿　③ ＿＿＿＿　④ ＿＿＿＿

POINTは ココだよ！　GからLまでの4文字が書かれているよ。

 English

English

12 えいご

アルファベット③

でかこまれたアルファベットを声に出してなぞりましょう。

ABCDEFGHIJKL MNOPQR STUVWXYZ

[エム]

[エン]

[オウ]

[ピー]

[キュー]

[アー]

 POINTはココだよ！

MとN、OとQ、PとRの形がにているね。

13 えいご

次のアルファベットの書き方をかくにんしましょう。
声に出しながらなぞった後、自分で2回書きましょう。

[エム]
M

MONKEY

[エン]
N

NOTEBOOK

[オウ]
O

ONION

 POINTはココだよ！

MとNは形も発音もにているので、気をつけよう！

14 えいご

次のアルファベットの書き方をかくにんしましょう。
声に出しながらなぞった後、自分で2回書きましょう。

[ピー]
P

[キュー]
Q

[アー]
R

PIANO

QUEEN

RABBIT

POINTは ココだよ！ PとRを書きまちがえないように注意しよう！

15 えいご

MからRまでのアルファベットが書かれた花は、それぞれいくつ
ありますか。□に数字を書いて答えましょう。

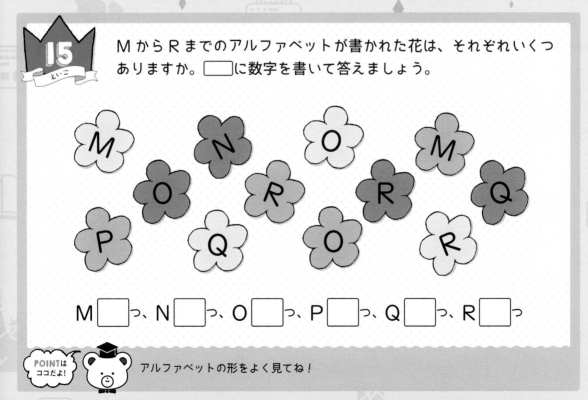

M□つ、N□つ、O□つ、P□つ、Q□つ、R□つ

POINTは ココだよ！ アルファベットの形をよく見てね！

答え2ページ

 アルファベット④　S〜X

アルファベット④

でかこまれたアルファベットを声に出してなぞりましょう。

ABCDEFGHIJKLMNOPQR STUVWX YZ

 [エス]

 [ティー]

 [ユー]

 [ヴィー]

 [ダブリュー]

 [エックス]

 POINTはココだよ！　Wはななめ下→ななめ上→ななめ下→ななめ上へと書くよ。

次のアルファベットの書き方をかくにんしましょう。
声に出しながらなぞった後、自分で2回書きましょう。

[エス]
S

S　S

 STAR

[ティー]
T

T　T

 TENNIS

[ユー]
U

U　U

UMBRELLA

 POINTはココだよ！　Sは右上からスタート。2のように向きが反対にならないように注意しよう！

18 えいご

次のアルファベットの書き方をかくにんしましょう。
声に出しながらなぞった後、自分で2回書きましょう。

[ヴィー]

 VIOLIN

[ダブリュー]

 WATCH

[エックス]

 BOX

POINTはココだよ！ Xは上から2本目の線のところで重なるように書こう。

19 えいご

スタートからゴールまで、SからXの順番に道を進みましょう。

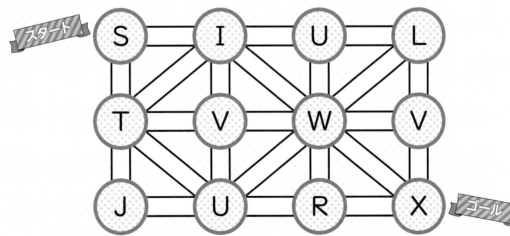

POINTはココだよ！ SからXまでの順番を思い出して、声に出しながら進もう。

アルファベット⑤　Y, Z

20
えいご

アルファベット⑤

でかこまれたアルファベットを声に出してなぞりましょう。
その後、自分で2回書きましょう。

ABCDEFGHIJKLMNOPQRSTUVWX YZ

[ワイ]
Y

YACHT

[ズィー]
Z

ZOO

**POINTは
ココだよ！**
D[ディー]，G[ヂー]，Z[ズィー]の発音のちがいに注意しよう。

21
えいご

→にそって進み、アルファベットの順番になるように、
＿＿＿にあてはまる大文字を書きましょう。

❶ ＿＿＿　　　❷ ＿＿＿　　　❸ ＿＿＿
A ➡ ＿＿＿ ➡ C ➡ D ➡ ＿＿＿ ➡ F ➡ ＿＿＿ ➡ H ➡ I

❻ ＿＿＿　　　❺ ＿＿＿　　　❹ ＿＿＿
Q ⬅ ＿＿＿ ⬅ O ⬅ N ⬅ ＿＿＿ ⬅ L ⬅ ＿＿＿ ⬅ J

❼ ＿＿＿　　　❽ ＿＿＿　　　❾ ＿＿＿
＿＿＿ ➡ S ➡ T ➡ ＿＿＿ ➡ V ➡ ＿＿＿ ➡ X ➡ Y ➡ Z

**英語は
ココまで！**
アルファベットの順番は正しくおぼえられたかな？

LET'S STUDY

Japanese

～国語のお勉強～

もくじ

01 国語辞典の使い方

1 国語辞典の使い方

①～④は、国語辞典を使うときに気をつけるポイントです。
（　）の中の正しいほうをえらんで、○でかこみましょう。

① 見出しは（　五十音　・　いろは　）じゅんに
ならんでいる。

> | れい | あじさい→ばら→ゆり |

② かたかなやのばす音は、
（　漢字（かんじ）　・　ひらがな　）に直し、形のかわる
言葉（ことば）は、言い切りの形に直してから使う。

> | れい | スカート→すかあと
走った→走る |

③ （　にごる　・　にごらない　）音が先に出てくる。

> | れい | かき→かぎ
はんこ→パン粉（こ） |

④ 「っ」「ゃ」などの小さく書く字は、
ふつうの字の（　先　・　後　）に出てくる。

> | れい | びよういん（美容院）
→びょういん（病院） |

POINTはココだよ！　②「広く」の言い切りの形は「広い」だよ。

2 次の文の□でかこんだ言葉（ことば）を、
言い切りの形に直して書きましょう。

① ココアとミルク、どちらを 飲（の）み たい？　　　　（　　　　　）

② 動物（どうぶつ）のお医者（いしゃ）さんに なれ たらいいな。　　　　（　　　　　）

③ 手紙を 書い てきたから、後で読んでね。　　　　（　　　　　）

④ もう少し 大きく て使いやすいバッグがほしいの。　　　　（　　　　　）

⑤ ながめが よく てとてもすてきな家ね。　　　　（　　　　　）

POINTはココだよ！　□の言葉のすぐ後ろに「。」をつけたら、どんな形になるかな？

3 こくご 次の2つの言葉の中から、国語辞典で先に出てくるほうを えらんで、〇でかこみましょう。

1 すいか ・ ぶどう

2 ピアノ ・ ピアス

3 すいとう ・ スイーツ

4 ひょう ・ ひょう

5 ぎん ・ きん

6 ペンギン ・ ペン

POINTはココだよ！ 小さく書く字とふつうの字、にごる音とにごらない音では、どちらが先かな？

4 こくご 次の⑦～エの言葉を、国語辞典に出てくるじゅんにならべて、 記号を書きましょう。

1 ⑦ タオル ｜ ⑦ 手紙 ｜ ⑦ 地図 ｜ エ とびら

(→ → →)

2 ⑦ 兄 ｜ ⑦ 姉 ｜ ⑦ 弟 ｜ エ 妹

(→ → →)

3 ⑦ 電車 ｜ ⑦ 電話 ｜ ⑦ 電気 ｜ エ 電池

(→ → →)

4 ⑦ カレー ｜ ⑦ カード ｜ ⑦ カヌー ｜ エ カーブ

(→ → →)

POINTはココだよ！ 1文字目が同じなら2文字目、2文字目も同じなら3文字目をたしかめよう。

こそあど言葉

こそあど言葉の使い分け

次の表の（　）にあてはまる言葉を、
後の□からえらんで書きましょう。

こ	話し手の（❶　　　　）にあるものを指すときに使う。	れい	これ、この
そ	（❷　　　　　　）の近くにあるものを指すときに使う。	れい	それ、その
あ	話し手からも聞き手からも（❸　　　　）にあるものを指すときに使う。	れい	あれ、あの
ど	指ししめすものが（❹　　　　　　）しないときに使う。	れい	どれ、どの

| 遠く　　　近く　　　はっきり　　　聞き手 |

POINTはココだよ！ 「こそあど言葉」をどんなときに使うのかをかくにんしてみよう！

次の表は、こそあど言葉をまとめたものです。
❶〜❺にあてはまる言葉を書きましょう。

	物事	場所	方向	様子
こ	これ、❶	ここ	こちら（こっち）	こんな、こう
そ	それ、その	そこ	❸（そっち）	そんな、そう
あ	あれ、あの	❷	あちら（あっち）	あんな、❺
ど	どれ、どの	どこ	どちら（❹）	どんな、どう

❶（　　　　　　　）　❷（　　　　　　　）　❸（　　　　　　　）

❹（　　　　　　　）　❺（　　　　　　　）

POINTはココだよ！ ❺後ろに「いう」をつけてみよう。「こ」は「こういう」、では「あ」は？

7 こくご

次の文の□□□に入るこそあど言葉を、
後の㋐〜㋔の中から1つずつえらびましょう。

❶ 坂の上に見える　□□□□□　家が、わたしの家よ。　　（　　　　）

❷ ドーナツとケーキ、□□□□□□　を食べようかな。　　（　　　　）

❸ 今、わたしの持っている　□□□□□□　ペンを使う？　　（　　　　）

❹ 道の向こうの　□□□□□　の交番で聞くといいよ。　　（　　　　）

❺ 発表会に　□□□□□　ドレスを着ていけばいいのか教えて。　　（　　　　）

㋐　この　　㋑　どんな　　㋒　あそこ　　㋓　あの　　㋔　どちら

POINTは ココだよ！ 文の場面をイメージしながら、声に出してかくにんするといいよ！

8 こくご

次の文からこそあど言葉をぬき出しましょう。
また、そのこそあど言葉が指している言葉を書きましょう。

❶ トランプを持ってきたよ。　　　　　　　　こそあど言葉（　　　　）
これで遊ぼうね。　　　　　　　　　　　　指している言葉（　　　　）

❷ 大きなかんらん車が見えるね。　　　　　　こそあど言葉（　　　　）
あれに乗ってみたいな。　　　　　　　　　指している言葉（　　　　）

❸ 駅の近くに公園があるでしょ。　　　　　　こそあど言葉（　　　　）
あそこに集合ね。　　　　　　　　　　　　指している言葉（　　　　）

❹ ノートはつくえにおいたよ。　　　　　　　こそあど言葉（　　　　）
そこになかった？　　　　　　　　　　　　指している言葉（　　　　）

POINTは ココだよ！ 「こそあど言葉」を「指している言葉」に言いかえて、意味をかくにんしよう！

9 次の漢字をなぞりましょう。
漢字の読みを後の ⬚ からえらんで、（　）に書きましょう。

❶ 悪い
（　　　　）

❷ 意見
（　　　　）

❸ 運転
（　　　　）

❹ 温度
（　　　　）

❺ 開く
（　　　　）

❻ 寒い
（　　　　）

❼ 急速
（　　　　）

❽ 苦い
（　　　　）

❾ 軽い
（　　　　）

❿ 決める
（　　　　）

⓫ 湖
（　　　　）

⓬ 大根
（　　　　）

> にが　わる　き　さむ　かる　ひら
> みずうみ　きゅうそく　おんど　うんてん　いけん　だいこん

POINTは
ココだよ！ ⓫の「湖」は、漢字１文字でひらがな４文字の読みだよ！

10 次の文の ＿＿線部の読みを、
㋐〜㋒の中から１つずつえらびましょう。

❶ このいすを友だちと運ぶね。　　　　　　　　　　　（　　　　）
　㋐ あそぶ　　㋑ えらぶ　　㋒ はこぶ

❷ 毎日ピアノをひくって決心したの。　　　　　　　　（　　　　）
　㋐ けってい　　㋑ けっしん　　㋒ きゅうしん

❸ 屋根の上に、かわいいねこがいるよ。　　　　　　　（　　　　）
　㋐ やこん　　㋑ おくじょう　　㋒ やね

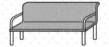

❹ まどを開けると、風が気持ちいいね。　　　　　　　（　　　　）
　㋐ あける　　㋑ ひらける　　㋒ きける

POINTは
ココだよ！ ②「決心」は、「心を決める」という意味だね。音読みではどう読むのかな？

Japanese

11

次の文の___線部を漢字と送りがなに直したものを、
㋐～㋒の中から1つずつえらびましょう。

❶ 雨の日は、<u>ころび</u>やすいから気をつけよう。　　　（　　　）
　㋐ 軽び　　㋑ 転ろび　　㋒ 転び

❷ <u>くるしい</u>トレーニングのおかげで1番になったよ。　（　　　）
　㋐ 苦るしい　　㋑ 苦しい　　㋒ 苦い

❸ コンサートにおくれないように、<u>いそぐ</u>よ！　　（　　　）
　㋐ 急ぐ　　㋑ 急そぐ　　㋒ 速ぐ

❹ 夜は、<u>あたたかい</u>ココアを飲みたいな。　　　（　　　）
　㋐ 温い　　㋑ 温かい　　㋒ 温たかい

POINTは
ココだよ！
①「転」と「軽」の形のちがいに注意！

12

次の日記の❶～❻を漢字に直して、
下の（　）に書きましょう。

〇月△日

❶<u>こんど</u>の土曜日の❷<u>うんどうかい</u>、すっごく楽しみ！
❸<u>かいかい</u>式の練習がたいへんだったけど、がんばったからきっと
だいじょうぶ。ときょうそうでは、❹<u>はやく</u>走れるといいな。
よほうでは、天気が❺<u>わるくて</u>少し❻<u>さむく</u>なりそうだから、
てるてるぼうずを作ったの。晴れますように！

---

❶（　　　　　）　❷（　　　　　　　）　❸（　　　　　　　）
❹（　　　　　）　❺（　　　　　　　）　❻（　　　　　　　）

POINTは
ココだよ！
⑤⑥は横線の数や形に注意して書こう！

Japanese

言葉の分類

13
こくご

言葉のとくちょう

次の表の（　）にあてはまる言葉を、
後の□からえらんで書きましょう。

（①　　　）を表す言葉	歩く・立つ・止まる・すわる・投げる 遊ぶ・食べる・見る・（②　　　）　　など
（③　　　）を表す言葉	かわいい・おもしろい・うれしい・楽しい 赤い・早い・すずしい・（④　　　）　　など
（⑤　　　）を表す言葉	小学校・公園・テーブル・いす・音楽 ハンカチ・りんご・自転車・（⑥　　　）　　など

大きい　　話す　　子ども　　様子　　物や事　　動き

POINTは
ココだよ！　たくさんのものをいくつかのまとまりに分けることを「分類」というよ。

14
こくご

①～③にあてはまる言葉を、
後の㋐～㋙の中から全てえらびましょう。

① 動きを表す言葉　…（　　　　　　　　　）

② 様子を表す言葉　…（　　　　　　　　　）

③ 物や事を表す言葉　…（　　　　　　　　　）

㋐　ウサギ	㋑　明るい	㋒　手帳	㋓　飲む	㋔　温かい
㋕　おどる	㋖　海	㋗　歌う	㋘　美しい	㋙　花火

POINTは
ココだよ！　「物や事を表す言葉」は「物の名前」と考えてもいいよ！

15 こくご

次の文の□□□は、どんなとくちょうの言葉ですか。
後の㋐～㋒の中から1つずつえらびましょう。

❶ よかったら、いっしょに 図書館 へ行かない？ （　　　　）

❷ 今日は、ミサと 会う やくそくをしていたんだった。 （　　　　）

❸ ケーキを一人で作るのは むずかしい かな？ （　　　　）

❹ 毎日1ページずつ、日記を 書く ことにしているの。 （　　　　）

❺ 夏休みは 長い のに、あっという間に終わってしまう。 （　　　　）

㋐ 動きを表す言葉	㋑ 様子を表す言葉	㋒ 物や事を表す言葉

POINTはココだよ！ 様子を表す言葉は、「どんなだ」をせつめいしている言葉だよ。

16 こくご

れい のように、3つのふせんの言葉を使って、
1つの文を作りましょう。

れい　 本　　 読む　　おもしろい

（　今日、おもしろい本を読んだ。　）

❶　 買う　　テーブル　　新しい

（　　　　　　　　　　　　　　　　　　　）

❷　うれしい　　遠足　　晴れる

（　　　　　　　　　　　　　　　　　　　）

POINTはココだよ！ ①「買う」は「買った」のように形をかえてもいいよ！

主語・述語・修飾語

17

主語・述語・修飾語のとくちょう
れいの文を見ながら、表の（　）にあてはまる言葉を、
後の□□からえらんで書きましょう。

れい　　雨が　　はげしく　　ふる。
　　　　主語　　修飾語　　　述語

主語	だれが、（❶　　　　　　） などを表す。
述語	（❷　　　　　　　　）、 どうする　などを表す。
修飾語	いつ、どこで、何を、（❸　　　　　　　　） などを表す。

どのように　　どんなだ　　何が

POINTは
ココだよ！ 　修飾語は、ほかの言葉をくわしくせつめいする言葉だよ！

18

次の文の＿＿線部の述語に対する主語をえらんで、
○でかこみましょう。

❶　魚が　家の　近くの　池で　<u>泳ぐ</u>。

❷　庭で　弟が　カブトムシを　<u>つかまえたよ</u>！

❸　リボンの　色も　すごく　<u>きれいです</u>。

❹　わたしの　妹は　おりがみを　じょうずに　<u>おります</u>。

❺　今年も　おじさんから　いちごが　<u>とどいたね</u>。

POINTは
ココだよ！ 　「が」「は」「も」などもわすれずに○でかこもう！

Japanese

19 こくご

次の文から修飾語を全てえらんで、
記号を書きましょう。

❶ ㋐わたしは　㋑つめたい　㋒アイスを　㋓食べたいな。

（　　　　　　）

❷ ㋐クリスマスツリーが　㋑明るく　㋒かがやいている。

（　　　　　　）

❸ ㋐この　㋑手ぶくろは　㋒マフラーと　㋓おそろいよ。

（　　　　　　）

❹ ㋐ヒナタの　㋑かばんは　㋒教室の　㋓たなに　㋔あるよ。

（　　　　　　）

❺ ㋐学校の　㋑白い　㋒子ウサギは　㋓とても　㋔かわいいの。

（　　　　　　）

POINTはココだよ！　主語と述語を先に見つけてから、修飾語をさがそう！

20 こくご

次の▢の言葉に係る修飾語を全てぬき出しましょう。

❶ チューリップが　きれいに　さいているよ 。

（　　　　　　）

❷ とても　あまい　ケーキを　食べたよ。

（　　　　　　）

❸ それは　姉の　大切な　アルバムだよ 。

（　　　　　　）

❹ わたしは　駅前から　バスに　乗るね 。

（　　　　　　）

❺ スケジュールを　ペンで　書くのよ 、わかった？

（　　　　　　）

POINTはココだよ！　▢の言葉に直せつ、つながるものをえらぼう。

Japanese

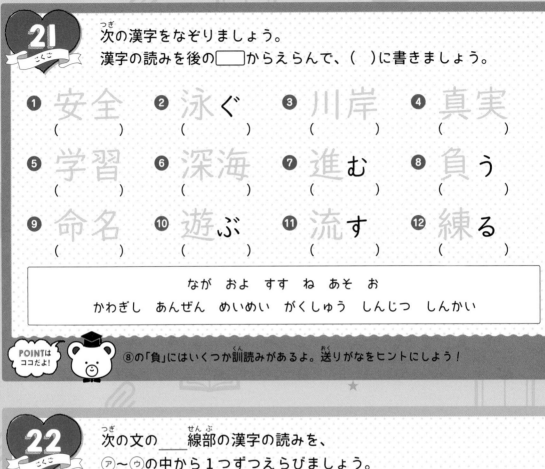

21 次の漢字をなぞりましょう。
漢字の読みを後の□からえらんで、（ ）に書きましょう。

❶ 安全 　❷ 泳ぐ 　❸ 川岸 　❹ 真実
（ 　 ） （ 　 ） （ 　 ） （ 　 ）

❺ 学習 　❻ 深海 　❼ 進む 　❽ 負う
（ 　 ） （ 　 ） （ 　 ） （ 　 ）

❾ 命名 　❿ 遊ぶ 　⓫ 流す 　⓬ 練る
（ 　 ） （ 　 ） （ 　 ） （ 　 ）

なが　およ　すす　ね　あそ　お
かわぎし　あんぜん　めいめい　がくしゅう　しんじつ　しんかい

POINTはココだよ！ ⑧の「負」にはいくつか訓読みがあるよ。送りがなをヒントにしよう！

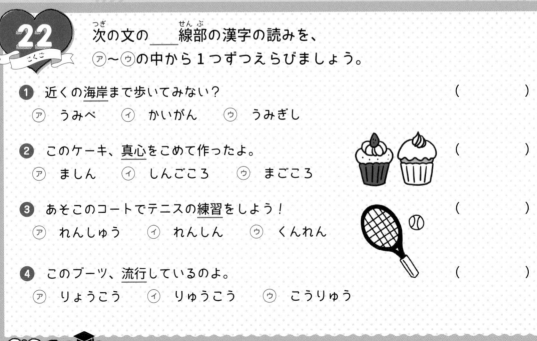

22 次の文の＿＿線部の漢字の読みを、
㋐～㋒の中から１つずつえらびましょう。

❶ 近くの海岸まで歩いてみない？ 　　　　　　（ 　 ）
㋐ うみべ　㋑ かいがん　㋒ うみぎし

❷ このケーキ、真心をこめて作ったよ。 　　　（ 　 ）
㋐ ましん　㋑ しんごころ　㋒ まごころ

❸ あそこのコートでテニスの練習をしよう！ 　（ 　 ）
㋐ れんしゅう　㋑ れんしん　㋒ くんれん

❹ このブーツ、流行しているのよ。 　　　　　（ 　 ）
㋐ りょうこう　㋑ りゅうこう　㋒ こうりゅう

POINTはココだよ！ ②の「真心」は、「じゅんすいな気持ち」という意味だよ。

23 こくご

次の文の___線部を漢字と送りがなに直したものを、
㋐〜㋒の中から1つずつえらびましょう。

❶ このおかし、いつもよりやすく買えたの。 （　　　）
　㋐ 安く　　㋑ 安すく　　㋒ 客く

❷ みのりの秋は、くだものがたくさん！ （　　　）
　㋐ 実のり　　㋑ 実り　　㋒ 美のり

❸ まけるかどうかなんて、やってみなくちゃわからないよ。 （　　　）
　㋐ 真ける　　㋑ 負る　　㋒ 負ける

❹ 川のふかいところは、あぶないよ！ （　　　）
　㋐ 深い　　㋑ 流い　　㋒ 洋い

POINTは
ココだよ！　④「氵」(さんずい)のつく漢字はグループでおぼえておくといいよ。

24 こくご

次の会話の❶〜❻を漢字に直して、下の（　）に書きましょう。

みずき：日曜日、プールに❶あそびに行かない？

あや：行く！❷ながれるプールのあるところ？

みずき：そうそう。ういているだけで❸すすむんだよね。

あや：楽しみー！　みずきって❹すいえい❺ならってたっけ？

みずき：ううん。うきわがあったほうが❻あんしんかなぁ？

❶ （　　　　　　　）　　❷ （　　　　　　　）　　❸ （　　　　　　　）

❹ （　　　　　　　）　　❺ （　　　　　　　）　　❻ （　　　　　　　）

POINTは
ココだよ！　①は画数が多いから、形に注意して書こうね。

ことわざ・慣用句

25
こくご

ことわざと慣用句

次の表の（ ）にあてはまる言葉を、
後の ▢ からえらんで書きましょう。

ことわざ	（❶　　）からつたえられてきた、生活の中の（❷　　）や教訓をふくんだ言葉。
	れい さるも木から落ちる→どんなに上手な人でもしっぱいはある
慣用句	（❸　　）いじょうの言葉がむすびついて、もとの意味とは（❹　　　）意味をもつようになった言葉。
	れい 鼻が高い→とくいであることのたとえ

ちえ　　ちがう　　2つ　　昔

POINTは ココだよ！ ふだんから「ことわざ」と「慣用句」を使って話してみよう。

26
こくご

次のことわざとその意味を、線でむすびましょう。

❶ 月とすっぽん ・

・ ㋐ つらくても、がまんしていれば、いつかかならずむくわれる。

❷ 石の上にも三年 ・

・ ㋑ どんなにすばらしいものでも、かちの分からない者には意味がない。

❸ ねこにこばん ・

・ ㋒ 物事が思うようにいかなくて、もどかしい。

❹ 二階から目薬 ・

・ ㋓ 2つのものが、くらべることもできないくらいちがっている。

POINTは ココだよ！ ④2階から下にいる人に目薬をさすのはむずかしいことからできたことわざだよ。

Japanese

27 （こくご）

（　）にあてはまる言葉（ことば）を下からえらんで、
慣用句をそれぞれかんせいさせましょう。

❶ （　　　）が広い　　意味（いみ）　つき合いが広いこと。

❷ （　　　）がすべる　　意味　言ってはいけないことをつい話すこと。

❸ （　　　）をぬく　　意味　いいかげんにすること。

❹ （　　　）が回る　　意味　とてもいそがしいこと。

❺ （　　　）にたこができる　意味　同じことを言われてうんざりすること。

 顔　 目　 口　耳　 手

POINTは
ココだよ！

④ににた意味の慣用句に「手が回らない」があるよ。

28 （こくご）

次（つぎ）のことわざや慣用句の＿＿線部（せんぶ）はまちがっています。
正しいものを、㋐〜㋒の中から１つずつえらびましょう。

❶ のどから足が出る　　　　　　　　　　　（　　）
　㋐ 首　㋑ 手　㋒ 舌（した）

❷ 犬の手もかりたい　　　　　　　　　　　（　　）
　㋐ ねこ　㋑ ねずみ　㋒ さる
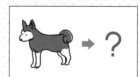

❸ 急（いそ）がばもどれ　　　　　　　　　　　（　　）
　㋐ さわげ　㋑ 走れ　㋒ 回れ

❹ 口は幸（さいわ）いのもと　　　　　　　　　（　　）
　㋐ 幸（しあわ）せ　㋑ わざわい　㋒ 問題（もんだい）

❺ あいたあながふさがらない　　　　　　　（　　）
　㋐ 戸　㋑ きず　㋒ 口

POINTは
ココだよ！
④「うっかり言ったことが悪（わる）いことにつながること」という意味（いみ）だよ。

答え5ページ　047

漢字の読み書き③

29 こくご

次の漢字をなぞりましょう。
漢字の読みを後の□□からえらんで、（　）に書きましょう。

❶ 暗い
（　　　）

❷ 方向
（　　　）

❸ 始める
（　　　）

❹ 写す
（　　　）

❺ 集会
（　　　）

❻ 台所
（　　　）

❼ 暑い
（　　　）

❽ 短い
（　　　）

❾ 返送
（　　　）

❿ 登る
（　　　）

⓫ 落葉
（　　　）

⓬ 新緑
（　　　）

> はじ　のぼ　うつ　みじか　あつ　くら
> しゅうかい　しんりょく　ほうこう　だいどころ　へんそう　らくよう

POINTは
ココだよ！
⓫を「おちば」と読みたいときには、「落ち葉」と書くんだよ。

30 こくご

次の文の＿＿線部の読みを、
㋐～㋒の中から１つずつえらびましょう。

❶ お礼のお手紙、送ったよ！　　　　　　　　　　　　　（　　　）
　㋐　わたった　　㋑　もらった　　㋒　おくった

❷ 短所は直して、いいところをのばしていこう！　　　（　　　）
　㋐　みじかしょ　　㋑　たんしょ　　㋒　ちょうしょ

❸ 明日の朝は、始発電車に乗るのよ。　　　　　　　　（　　　）
　㋐　しはつ　　㋑　だいはつ　　㋒　はじはつ

❹ ふたりだけの、ひみつの暗号を作らない？　　　　　（　　　）
　㋐　しょうごう　　㋑　あんごう　　㋒　きごう

POINTは
ココだよ！
❹の「暗号」は、自分たちだけにしか分からない記号のことだね。

31 次の文の＿＿線部を漢字と送りがなに直したものを、
⑦〜⑨の中から1つずつえらびましょう。

① むこうの橋まできょうそうしよう！ （　　　）
⑦ 同こう　　⑦ 向う　　⑨ 向こう

② うで時計をおとすと、こわれちゃうよ。 （　　　）
⑦ 落とす　　⑦ 落す　　⑨ 下す

③ 国語の時間にノートをあつめるらしいよ。 （　　　）
⑦ 集る　　⑦ 集つめる　　⑨ 集める

④ 急いで図書室に本をかえすね。 （　　　）
⑦ 返えす　　⑦ 返す　　⑨ 近す

POINTはココだよ！　①「向」と「同」や、④「返」と「近」など、形のにている文字のちがいに気をつけて。

32 次の交かん日記の①〜⑥を漢字に直して、
下の（　）に書きましょう。

今日も①あつかったね。
外は②みどりの③はっぱで
いっぱいだし、秋はまだ先かなぁ。
また、みんなで④あつまって
遊びたいね！
みずき

二学期が⑤はじまってしばらく
たつのにね。
早くすずしくなるといいな！
この前みんなでとった⑥しゃしん、
持っていくね。
まゆ

① （　　　）　② （　　　）　③ （　　　）
④ （　　　）　⑤ （　　　）　⑥ （　　　）

POINTはココだよ！　①は天気や気温の話をしていることに注目してね。

漢字の音と訓

33 こくご

音読みと訓読み

次の表の（　）にあてはまる言葉を、
後の☐☐☐からえらんで書きましょう。

（①　　）読み	昔、漢字が中国から日本につたわったとき、中国語の発音で読んだもの。（②　　　　）になると意味が分かるものが多い。	れい 朝→チョウ 食→ショク
（③　　）読み	漢字に、同じ意味の日本語をあてはめて読んだもの。聞いたときに意味が分かりやすく、（④　　　　　）がつくことが多い。	れい 朝→あさ 食べる→たべる

音　　訓　　じゅく語　　送りがな

POINTはココだよ！ 1つの漢字で2ついじょうの音読みや訓読みがある場合もあるよ！

34 こくご

次の＿＿＿線部の漢字の読みを、ひらがなで書きましょう。

① 書店　　　　・　本の店
（　　　　）　　（　　　　　　）

② 遠足　　　　・　足し算　　　　・　足のうら
（　　　　）　　（　　　　　　）　　（　　　　　　）

③ 時間　　　　・　人間　　　　・　しおりを間にはさむ　　・　手間をかける
（　　　　）　　（　　　　　　）　　（　　　　　　　　）　　（　　　　　　　　）

④ いねが実る　　・　りんごの実　　　・　実力を出す
（　　　　）　　（　　　　　　）　　（　　　　　　）

POINTはココだよ！ ③の「間」は、音読みが2つ、訓読みが2つあるよ。

Japanese

35 こくご

次の漢字の読みを、音読みはかたかなで、
訓読みはひらがなで書きましょう。

❶ 強
音読み （　　　　）
訓読み　つよ(い)・
つよ(まる)・つよ(める)

❷ 合
音読み （　　　　）・ガッ
訓読み　あ(う)・
あ(わす)・あ(わせる)

❸ 魚
音読み （　　　　）
訓読み （　　　　）・うお

❹ 言
音読み （　　　　）・ゴン
訓読み　い(う)・（　　　　）

❺ 君
音読み （　　　　）
訓読み （　　　　）

次の君主は
君に決めたぞ！

POINTはココだよ！

①「強風」　②「合同」　③「魚類」　④「言語」「言葉」　はどう読むのかな？

---

36 こくご

次の文の＿＿線部の漢字の読みをひらがなで書き、
音読みと訓読みのあてはまるほうを〇でかこみましょう。

ジュースよりも、お茶が❶飲みたいな。

相❷談をするなら、やっぱり親友ね。

❸勝負はさいごまで分からないから、がんばろう！

その図❹形は、どんな❺形をしているのかな？

❶ 読み （　　　　　　）
（　音読み　・　訓読み　）

❷ 読み （　　　　　　）
（　音読み　・　訓読み　）

❸ 読み （　　　　　　）
（　音読み　・　訓読み　）

❹ 読み （　　　　　　）
（　音読み　・　訓読み　）

❺ 読み （　　　　　　）
（　音読み　・　訓読み　）

POINTはココだよ！

④⑤はどっちが音読みで、どっちが訓読みかな？

Japanese

漢字の読み書き④

37

次の漢字をなぞりましょう。
漢字の読みを後の□からえらんで、（　）に書きましょう。

❶ 育つ （　　　　）　❷ 係 （　　　　）　❸ 幸福 （　　　　）　❹ 取る （　　　　）

❺ 消す （　　　　）　❻ 植物 （　　　　）　❼ 待つ （　　　　）　❽ 注目 （　　　　）

❾ 配分 （　　　　）　❿ 美化 （　　　　）　⓫ 平等 （　　　　）　⓬ 調和 （　　　　）

> け　そだ　と　ま　かかり　ちょうわ
> びょうどう　はいぶん　こうふく　ちゅうもく　しょくぶつ　びか

 POINTは ココだよ！ ③の「幸」は、横線の数に気をつけよう！

38

次の文の＿＿線部の読みを、
㋐〜㋒の中から1つずつえらびましょう。

❶ 次の体育の時間は、ダンスをやるんだって。　　　（　　　　）
　㋐ たいく　　㋑ たいいく　　㋒ たいそう

❷ まじょがおばあさんに化ける。　　　（　　　　）
　㋐ ばける　　㋑ まける　　㋒ かける

❸ 花火はきちんと消火しようね。　　　（　　　　）
　㋐ しょおか　　㋑ しょうか　　㋒ けしび

❹ 平らなビーズでアクセサリーを作るよ。　　　（　　　　）
　㋐ ひら　　㋑ へいら　　㋒ たいら

 POINTは ココだよ！ ①は「体」と「育」を一字一字ていねいに読もうね。

39 次の文の____線部を漢字と送りがなに直したものを、㋐〜㋒の中から1つずつえらびましょう。

❶ おやつはみんなでひとしく分けましょう。　　（　　）
　㋐ 寺しく　　㋑ 等しく　　㋒ 等としく

❷ コップにつめたいジュースをそそぐ。　　（　　）
　㋐ 柱ぐ　　㋑ 注そぐ　　㋒ 注ぐ

❸ うつくしいひとみと長いかみの人形。　　（　　）
　㋐ 美くしい　　㋑ 美しい　　㋒ 美つくしい

❹ 花のつくりを図かんでしらべる。　　（　　）
　㋐ 読べる　　㋑ 調べる　　㋒ 調る

POINTはココだよ! ②「注」と「柱」の形に注意してね。

40 次の日記の❶〜❻を漢字に直して、下の（　）に書きましょう。

○月△日
今日、学校で、春に❶うえたサツマイモをしゅうかくしたよ。
大きく❷そだっていてうれしかった！
来週、サツマイモを使った❸わがしを作ることになっているの。
おいしいお茶も❹くばられるよ。きせつの変❺かを
楽しみながら、❻しあわせな時間がすごせそう。

❶（　　）　❷（　　）　❸（　　）
❹（　　）　❺（　　）　❻（　　）

POINTはココだよ! ④の左がわは「西」ではないよ。

漢字の組み立て

41 漢字の部首

次の漢字の部首をなぞり、部首名を後の▭からえらんで、
（　）に書きましょう。

へん　にんべん	つくり（❶　　　　　）	かんむり（❷　　　　　）
仕	者	安

あし（❸　　　　　）	たれ（❹　　　　　）
想	病

やまいだれ　　おおざと　　こころ　　うかんむり

POINTはココだよ！ ❷の部首はかたかなの「ウ」に形がにているね。

42

次の部首をもつ漢字を、
後の㋐〜㋙の中から２つずつえらびましょう。

❶ ごんべん　　（　　　）　　❷ ちから　　（　　　）

❸ くさかんむり（　　　）　　❹ まだれ　　（　　　）

❺ てへん　　　（　　　）

㋐ 動　㋑ 打　㋒ 語　㋓ 庭　㋔ 話
㋕ 花　㋖ 助　㋗ 店　㋘ 投　㋙ 茶

POINTはココだよ！ 「ごんべん」がつくのは、言葉に関係のある漢字が多いよ。

054

43 こくご

次の漢字とその部首名をえらんで、線でむすびましょう。

発 ・

顔 ・

等 ・

点 ・

院 ・

・

・　⚪ ㋐ おおがい

・　⚪ ㋑ こざとへん

・　⚪ ㋒ れんが・れっか

・　⚪ ㋓ はつがしら

・　⚪ ㋔ たけかんむり

POINTは ココだよ！　「こざとへん」と「おおざと」は、形は同じで場所がちがうよ。

44 こくご

下のカードを2まいずつ組み合わせて、
漢字をかんせいさせましょう。

れい　㋐ 彳　㋑ 殳　（ ㋐ ＋ ㋑ ＝ 役 ）

㋐ 巾　㋑ 广　㋒ 氵　㋓ 金　（　＋　＝　）

（　＋　＝　）

㋔ 車　㋕ 失　㋖ 皮　㋗ 長　（　＋　＝　）

（　＋　＝　）

POINTは ココだよ！　カードはそれぞれ1回ずつしか使えないよ。

Japanese

ローマ字

45 こくご

ローマ字の書き方をおぼえよう！

		ア段 A/a	イ段 I/i	ウ段 U/u	エ段 E/e	オ段 O/o			
ア行		あ a	い i	う u	え e	お o			
カ行	K/k	か ka	き ki	く ku	け ke	こ ko	きゃ kya	きゅ kyu	きょ kyo
サ行	S/s	さ sa	し si [shi]	す su	せ se	そ so	しゃ sya [sha]	しゅ syu [shu]	しょ syo [sho]
タ行	T/t	た ta	ち ti [chi]	つ tu [tsu]	て te	と to	ちゃ tya [cha]	ちゅ tyu [chu]	ちょ tyo [cho]
ナ行	N/n	な na	に ni	ぬ nu	ね ne	の no	にゃ nya	にゅ nyu	にょ nyo
ハ行	H/h	は ha	ひ hi	ふ hu [fu]	へ he	ほ ho	ひゃ hya	ひゅ hyu	ひょ hyo
マ行	M/m	ま ma	み mi	む mu	め me	も mo	みゃ mya	みゅ myu	みょ myo
ヤ行	Y/y	や ya	(い) (i)	ゆ yu	(え) (e)	よ yo			
ラ行	R/r	ら ra	り ri	る ru	れ re	ろ ro	りゃ rya	りゅ ryu	りょ ryo
ワ行	W/w	わ wa	(い) (i)	(う) (u)	(え) (e)	を (o) [wo]			
ン		ん n							
ガ行	G/g	が ga	ぎ gi	ぐ gu	げ ge	ご go	ぎゃ gya	ぎゅ gyu	ぎょ gyo
ザ行	Z/z	ざ za	じ zi [ji]	ず zu	ぜ ze	ぞ zo	じゃ zya [ja]	じゅ zyu [ju]	じょ zyo [jo]
ダ行	D/d	だ da	ぢ (zi) [di]	づ (zu) [du]	で de	ど do	ぢゃ (zya) [dya]	ぢゅ (zyu) [dyu]	ぢょ (zyo) [dyo]
バ行	B/b	ば ba	び bi	ぶ bu	べ be	ぼ bo	びゃ bya	びゅ byu	びょ byo
パ行	P/p	ぱ pa	ぴ pi	ぷ pu	ぺ pe	ぽ po	ぴゃ pya	ぴゅ pyu	ぴょ pyo

 国語はココまで！

 ローマ字をおぼえておくと、パソコンに入力するときに役立つよ！

Japanese

LET'S STUDY

Mathematics

~算数のお勉強~

もくじ

かけ算

かけ算のきまり

次の（　）にあてはまることばを、右下の□からえらんで
かきましょう。

① かける数が１ふえると、答えはかけられる数だけ
（　　　　　）なります。

ヒント ３×５は、３×４より３大きいよ。

② かける数が１へると、答えはかけられる数だけ
（　　　　　）なります。

ヒント ３×５は、３×６より３小さいよ。

③ かける数とかけられる数を入れかえても、
答えは（　　　　　）なります。

ヒント ３×５は、５×３と答えは同じだよ。

考え方

$3 \times 4 = 12$
3小さい　3大きい
$3 \times 5 = 15$
3小さい　3大きい
$3 \times 6 = 18$

| 同じに | 大きく | 小さく |

POINTはココだよ！ ３×４の３が「かけられる数」、４が「かける数」だよ。

次の□にあてはまる数をかきましょう。

① ７×４は、７×３より □ 大きいです。

② ２×８は、２×９より □ 小さいです。

③ どんな数に０をかけても、答えは □ です。

④ ０にどんな数をかけても、答えは □ です。

⑤ ６×５は、□×６と答えは同じです。

⑥ ４×10は、４×９より □ 大きくなります。４×10＝□

POINTはココだよ！ かけ算のきまりを使って、０のかけ算や10のかけ算がわかるね！

算数のお勉強

時こくと時間

時こくと時間

時間のたんいには、時間、分、秒があります。
次の（　）にあてはまる時間のたんいをかきましょう。

① 1分は60（　　　　　）です。

② 1日のすいみん時間は9（　　　　　）です。

③ 50mを走るのにかかった時間は10（　　　　　）です。

④ ごはんを食べていた時間は20（　　　　　）です。

⑤ 歯をみがく時間は3（　　　　　）です。

POINTはココだよ！　秒は、1分より短い時間のたんいだよ。

次の□にあてはまる数をかきましょう。

① 2時40分から40分後の時こくは何時何分ですか。

□ 時 □ 分

② 10時50分から11時20分までの時間は何分ですか。

 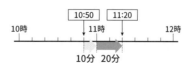

□ 分

 POINTはココだよ！　「何時」で分けて考えるとわかりやすいね！

わり算

わり算

♡の形をした 8 このクッキーを、1 人に 2 こずつ分けます。
次の問題に答えましょう。

① クッキーを 2 こずつ◯◯◯でかこんで、何人に分けられるか答えましょう。

♡　♡　♡　♡　♡　♡　♡　♡　　　　　（　　　）人に分けられる。

② わり算の式にかきましょう。

| ヒント | 計算の式 8÷2 は「8 わる 2」と よむよ。 |

わられる数　わる数

③ わり算の答えは、わる数のだんの九九を使ってもとめます。

□にあてはまる数をかきましょう。

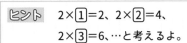

| ヒント | 2×①=2、2×②=4、 2×③=6、…と考えるよ。 |

2×□=8

POINTはココだよ！　③の答えは、わる数の 2 のだんの九九を使ってもとめるよ。

次の計算をしましょう。下の表からそれぞれ同じ答えを
さがして、文字のところに□の文字をかいて、
ことばをかんせいさせましょう。

れい　5÷5=（　1　）…ト

① 28÷7=（　　　）…イ　　② 54÷9=（　　　）…ン　　③ 32÷4=（　　　）…ア

④ 21÷3=（　　　）…ル　　⑤ 18÷2=（　　　）…ラ　　⑥ 30÷6=（　　　）…グ

答え	1	9	4	8	6	5	7
文字	ト						

POINTはココだよ！　28÷7 の答えは、7 のだんの九九を使ってもとめるよ。

7 えん筆を、3人に同じ数ずつ分けます。1人分は、それぞれ何本
ですか。次の□にあてはまる数をかきましょう。

① えん筆が 30 本のとき

式　30÷3＝□　　　□ 本

ヒント　3×10＝30 だね。

② えん筆が 0 本のとき

式　0÷3＝□　　　□ 本

ヒント　3×0＝0 だね。

③ えん筆が 63 本のとき

式　63÷3＝□　　　□ 本

ヒント　63 は 60 と 3 で、60÷3 は 20、3÷3 は 1 だね。

POINTはココだよ！　③のような答えが九九にないわり算は、何十といくつかに分けて考えるよ。

8 式が 24÷6 になるように、問題をつくります。
次の（ ）にあてはまることばを、右のふせんから
えらんでかきましょう。

① えん筆が 24 本あります。1人に 6 本ずつ分けます。

（　　　　　　）に分けられますか。

式　24 ÷ 6
（全部の数）　（　　　　　　）

● 何本

● 何人

● 人数

② えん筆が 24 本あります。6人に同じ数ずつ分けます。

1人分は（　　　　　　）ですか。

式　24 ÷ 6
（全部の数）　（　　　）

● 1人分の本数

POINTはココだよ！　①は 全部の数 ÷6＝ 人数 、②は 全部の数 ÷6＝ 1人分の本数 になるね。

04 たし算とひき算の筆算

9 さんすう たし算の筆算

次の□にあてはまる数をかきましょう。

①
```
  1 2 8
+ 2 1 6
-------
  3 □ 4
```

②
```
  2 3 9
+ 1 8 9
-------
  4 □ □
```

③
```
  9 0 2
+   2 8
-------
  9 □ □
```

④
```
  7 1 7
+ 5 6 4
-------
  □ 2 □ 1
```

POINTはココだよ！ 百の位にくり上がりがあるときは、千の位に1くり上げるよ。

10 さんすう

次の計算をしましょう。

①
```
  2 5 8
+ 4 4 1
```

②
```
  5 8 2
+ 1 6 3
```

③
```
  1 9 4
+ 7 0 8
```

④
```
  4 6 9
+   3 1
```

⑤
```
  3 4 7
+ 6 9 2
```

⑥
```
  9 9 5
+     9
```

POINTはココだよ！ 位をそろえてかくよ。くり上がりに注意してね！

ひき算の筆算

次の □ にあてはまる数をかきましょう。

①
```
  3 5 1
- 2 1 4
───────
  1 □ 7
```

②
```
  5 6 3
- 1 9 2
───────
  3 □ □
```

③
```
  7 5 3
- 4 5 8
───────
  □ □ 5
```

④
```
  8 0 6
- 1 2 7
───────
  □ □ 9
```

POINTは
ココだよ！　ひけないときは、1つ上の位からくり下げるよ。

次の計算をしましょう。

①
```
  736
- 235
```

②
```
  452
- 368
```

③
```
  182
- 176
```

④
```
  905
- 416
```

⑤
```
  800
-  59
```

⑥
```
  700
-   6
```

POINTは
ココだよ！　位をそろえてかくよ。くり下がりに注意してね！

Mathematics

表とグラフ

13 さんすう

ぼうグラフのかき方

次の（ ）にあてはまることばを、下の□□□からえらんでかきましょう。

- ① （　　　）をかく。
- ② たてに（　　　）の目もりをかく。
- ③ 目もりの（　　　）をかく。
- ④ 横に（　　　　　）をかく。
- ⑤ 人数にあわせて（　　　）をかく。

たんい　ぼう　表題　動物のしゅるい　人数

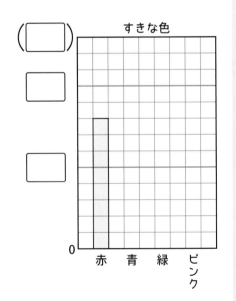

③ ①すきな動物
（人）

5

0
④犬　ねこ　うさぎ　パンダ

POINTは
ココだよ！　ぼうグラフに表すと、大きさがくらべやすくなるよ。

14 さんすう

下の表は、3年1組で、
すきな色を調べたものです。
表をみて、右のぼうグラフを
かんせいさせましょう。

すきな色

色	人数（人）
赤	8
青	12
緑	4
ピンク	6

すきな色

（　）

0
赤　青　緑　ピンク

POINTは
ココだよ！　1目もりの大きさに気をつけてぼうグラフをかこう！

あまりのあるわり算

15
さんすう

あまりのあるわり算

14 このりんごを、1 人に 4 こずつ分けます。
次の問題に答えましょう。

① りんごを 4 こずつ◯でかこみましょう。あまりは、かこまなくてよいです。

② 何人に分けられて、何こあまりますか。わり算の式と答えをかきましょう。

式　14÷4＝□ あまり □　　　□ 人に分けられて、□ こあまる。

③ （　）の正しいほうをえらんで、◯でかこみましょう。

㋐ 12÷4 のように、あまりがないとき、わり（ 切れる ・ 切れない ）といいます。

㋑ 14÷4 のように、あまりがあるとき、わり（ 切れる ・ 切れない ）といいます。

POINTは
ココだよ！

あまりのあるわり算ではいつも、|あまり＜わる数|だよ！

16
さんすう

次の計算をしましょう。下の表からそれぞれ同じ答えを
さがして、文字 のところに□の文字をかいて、
ことばをかんせいさせましょう。

れい　4÷3＝（　1　）あまり（　1　）…う

① 9÷2＝（　　）あまり（　　）…い　　② 42÷5＝（　　）あまり（　　）…ど

③ 13÷6＝（　　）あまり（　　）…で　　④ 25÷8＝（　　）あまり（　　）…け

答え	1あまり1	2あまり1	8あまり2	3あまり1	4あまり1
文字	う				

POINTは
ココだよ！

答えは、九九を使ってもとめることができるよ。

Mathematics

大きい数

17

大きい数

次の（　）にあてはまることばや数をかきましょう。

① 7469318 は、七百四十六（　　　　）九千三百十八とよみます。

② 五千二百七万三千を数字でかくと、（　　　　　　　　　　　）です。

③ 千万を 10 倍した数を（　　　　　）といい、
数字でかくと、（　　　　　　　　　　）です。

1	0	0	0	0	0	0	0	0
一億の位	千万の位	百万の位	十万の位	一万の位	千の位	百の位	十の位	一の位

POINTは
ココだよ！

位に一、十、百、千がくり返し出てくるよ。

18

次の□にあてはまる数をかきましょう。

① 84360000 は、1000 万を □ こ、100 万を □ こ、10 万を □ こ、

1 万を □ こあわせた数です。

② 1000 万を 9 こ、10 万を 2 こ、1 万を 7 こ、100 を 1 こあわせた数は、

□ です。

③ 3500000 は 1 万を □ こ集めた数です。

④ 1 万を 4080 こ集めた数は、□ です。

⑤ 1000 を 6000 こ集めた数は、□ です。

POINTは
ココだよ！

84360000 は、8436 万ともかくよ。

次の □ にあてはまる記号や数をかきましょう。

① 2つの数の大小を、＞や＜を使って式に表しましょう。

⑦ 60400 □ 63900　　　　⑦ 486000 □ 485000

② 下の図は1目もりが100の数直線です。

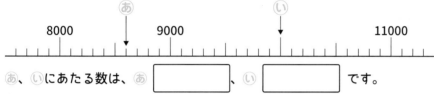

```
            ⓐ                  ⓑ
   8000    ↓    9000          ↓            11000
```

ⓐ、ⓑにあたる数は、ⓐ □ 、ⓑ □ です。

③ 57＋18＝75 を使って、57000＋18000 の計算のしかたを考えます。

57000＋18000 は、1000 が（57＋18）こ分だから、57000＋18000＝ □

POINTはココだよ! 数の大きさをくらべるときは、大きい位からじゅんにくらべよう！

 次の数を10倍した数、100倍した数、1000倍した数、10でわった数を、それぞれ答えましょう。

① 90　10倍した数 （　　　　　　）
　　　100倍した数 （　　　　　　）
　　　1000倍した数 （　　　　　　）
　　　10でわった数 （　　　　　　）

れい

一万	千	百	十	一
			2	5
		2	5	0
	2	5	0	0
2	5	0	0	0

10倍　10倍　10倍　100倍　1000倍

② 670　10倍した数 （　　　　　　）
　　　100倍した数 （　　　　　　）
　　　1000倍した数 （　　　　　　）
　　　10でわった数 （　　　　　　）

百	十	一
2	5	0
	2	5

10でわる

POINTはココだよ! 10倍すると位が1つ上がり、一の位が0の数を10でわると位が1つ下がるよ。

長さ

21 さんすう

長さのたんいとキロメートル

次の問題に答えましょう。

① 長さのたんいとそのかんけいをまとめました。

　□にあてはまる数をかきましょう。

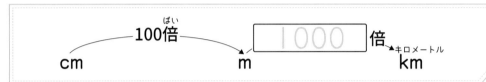

$$cm \xrightarrow{\text{100倍(ばい)}} m \xrightarrow{1000 \text{倍}} \text{キロメートル} \quad km$$

② 長さのたんいには、mm、cm、m、km があります。

　（　）にあてはまる長さのたんいをかきましょう。

㋐えんぴつの長さ…15（　　　　）

㋑自動車（じどうしゃ）が１時間に進（すす）む道のり…40（　　　　）

㋒木の高さ…6（　　　　）

POINTは
ココだよ！

1km＝1000m だね。1km は 1m より長いよ！

22 さんすう

家から公園までは 1km700m、
公園から学校までは 800m です。
次（つぎ）の□にあてはまる数を
かきましょう。

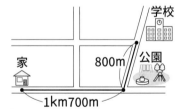

家　800m　公園　学校
1km700m

① 家から公園の前を通って学校まで行くときの道のりは何 km 何 m ですか。

　1km700m＋800m＝1km 1500 m

　　　　　　　　　　＝2km ⬜ m

ヒント　1000m＝1km だから、
1500m は 1km500m だよ。

② 家から公園までの道のりは、公園から学校までの道のりより何 m 長いですか。

　1km700m－800m＝ 1700 m－800m＝⬜ m

ヒント　1km＝1000m だから、1km700m は 1700m だよ。

POINTは
ココだよ！

1km＝1000m だよ。m と km のたんいに気をつけて計算しよう！

円と球

23

円と球

次の（　）にあてはまることばを、図を見て答えましょう。

① （　　　　）…コンパスでかいたようなまるい形。

円の（　　　　　　）…円のまん中の点。

円の（　　　　　　）…中心から円のまわりまでひいた直線。

円の（　　　　　　）…円の中心を通って、

　　　　　　　　　まわりからまわりまでひいた直線。

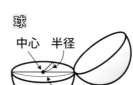

② （　　　　）…ボールのように、どこから

　　　見ても円に見える形。

POINTは
ココだよ！

1つの円では、半径はみんな同じ長さだよ。

24

次の□にあてはまる数をかきましょう。

① 直径が 8cm の円の半径は □ cm です。

ヒント　半径は直径の半分だよ。

8cm

② 正方形の中に同じ大きさの4この円がぴったり
はいっています。

㋐ 正方形の1辺の長さは、円の半径の □ こ分と
等しくなります。

㋑ この円の半径が 3cm のとき、

正方形の1辺の長さは □ cm です。

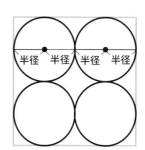

POINTは
ココだよ！

円の直径は半径の 2倍だね。

1けたをかけるかけ算の筆算

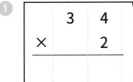

1けたをかけるかけ算の筆算

次の □ にあてはまる数をかきましょう。

①

```
    3 4        3 4        3 4
  ×   2      ×   2      ×   2
               8   □       8
```

ヒント
① 一の位は
　二四が　8
② 十の位は
　二三が　6

位をそろえて　かきます。

一の位に　かけます。

十の位に　かけます。

②

```
    2 1 3
  ×     3
  □   3 □
```

ヒント
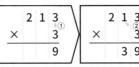

POINTは　ココだよ!　一の位からじゅんに計算するよ。

次の計算をしましょう。

①
```
    2 3
  ×   3
```

②
```
    6 8
  ×   7
```

③
```
    5 9 0
  ×     5
```

④
```
    8 3 9
  ×     6
```

POINTは　ココだよ!　くり上がりに注意して計算しよう。

算数のお勉強

11

重さ

重さのたんいとキログラム

27 次の問題に答えましょう。

① 重さのたんいとそのかんけいをまとめました。

　□にあてはまる数をかきましょう。

グラム　g　**1000**倍　→　キログラム　kg　1000倍　→　トン　t

② 重さのたんいには、g、kg、t があります。

　（　）にあてはまる重さのたんいをかきましょう。

　㋐たまご1この重さ…60（　　　）

　㋑バス1台の重さ…8（　　　）

　㋒お米1ふくろの重さ…10（　　　）

POINTはココだよ！　1kg＝1000g だね。1kg は1g より重いよ！

---

28 600g のぶどうと 1kg500g のメロンがあります。
次の□にあてはまる数をかきましょう。

① ぶどうとメロンの重さをあわせると何 kg 何 g ですか。

　600g＋1kg500g＝1kg **1100** g

　　　　　　　　＝2kg □ g ←

ヒント　1000g＝1kg だから、1100g は 1kg100g だよ。

② メロンはぶどうより何 g 重いですか。

　1kg500g－600g＝ **1500** g－600g＝□ g

ヒント　1kg＝1000g だから、1kg500g は 1500g だよ。

POINTはココだよ！　1kg＝1000g だよ。g と kg のたんいに気をつけて計算しよう！

小数

算数のお勉強 12

29 さんすう

小数、小数点、整数

次の問題に答えましょう。

① □ にあてはまる数をかきましょう。

㋐ 1L を 10 等分した 1 こ分のかさを、 **0.1** L とかき、

「れい点一リットル」とよみます。1dL ＝0.1L です。

㋑ 8dL は、□ L です。

㋒ 0.1L を 10 こ集めたかさは、□ L です。

1L
0.1L

② （ ）にあてはまることばをかきましょう。

㋐ 0.2、1.8 のような数を（ ）といいます。

㋑ 1.8 の「.」を（ ）といいます。

㋒ 0、1、2、……のような数を（ ）といいます。

ヒント　1 . 8 …小数
↑
小数点

ヒント　0、1、2…整数

POINTはココだよ! 0.1 を 10 こ集めると、1 になるよ。

30 さんすう

次の □ にあてはまる数や記号をかきましょう。

① 7mm は、□ cm です。

7mm
1mm　1cm

ヒント　1mm は、1cm を 10 等分した 1 こ分の長さで、0.1cm だよ。

② 0.1 を 46 こ集めた数は □ です。

③ 7.5 は、1 を □ こと 0.1 を □ こあわせた数です。

④ 2.2 と 1.9 の大小を、＞や＜を使って式に表すと、2.2 □ 1.9

ヒント　下の数直線で考えると、1.9 より 2.2 のほうが右にあるね。

0　　　　　　　　1　　　　　　　　2

POINTはココだよ! 1mm＝0.1cm だよ！

Mathematics

31

次の計算をしましょう。
また、同じ答えになる式を 2 組見つけて、番号で答えましょう。

① $0.5+0.4=$

　　ヒント　0.1 が (5＋4) こだよ。

② $0.7+0.3=$

③ $1.7+0.6=$

④ $3.2+0.9=$

⑤ $0.8-0.3=$

　　ヒント　0.1 が (8－3) こだよ。

⑥ $1-0.1=$

⑦ $1.4-0.7=$

⑧ $5-0.9=$

同じ答えになる式は、（　　　）と（　　　）、（　　　）と（　　　）

POINTは
ココだよ！

0.1 の何こ分になるかを考えてみよう！ 1 は 0.1 の 10 こ分と考えるよ。

32

次の計算をしましょう。

①
$$\begin{array}{r} 4.9 \\ +\ 1.5 \\ \hline 6.4 \end{array}$$

①位をそろえてかく。

②整数のたし算と同じように計算する。

③上の小数点にそろえて答えの小数点をうつ。

②
$$\begin{array}{r} 7.6 \\ +\ 3.4 \\ \hline \end{array}$$

③
$$\begin{array}{r} 2.8 \\ +\ 6 \\ \hline \end{array}$$

④
$$\begin{array}{r} 5.7 \\ -\ 2.1 \\ \hline 3.6 \end{array}$$

①位をそろえてかく。

②整数のひき算と同じように計算する。

③上の小数点にそろえて答えの小数点をうつ。

⑤
$$\begin{array}{r} 10.3 \\ -\ 8.9 \\ \hline \end{array}$$

⑥
$$\begin{array}{r} 6 \\ -\ 5.2 \\ \hline \end{array}$$

POINTは
ココだよ！

筆算は位をそろえてかこう。6 は 6.0 と考えるよ。

Mathematics

分数

33
さんすう

分数

次の問題に答えましょう。

① □にあてはまる数をかきましょう。

㋐ 1m を 5 等分した 1 こ分の長さを  m とかき、

「5分の1メートル」とよみます。

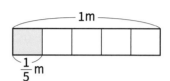

㋑ $\frac{1}{5}$ m の 5 こ分の長さは □ m です。

② （　）にあてはまることばをかきましょう。

$\frac{2}{5}$ のような数を分数といい、$\frac{2}{5}$ の 2 の部分を（　　　　）、

5 の部分を（　　　　）といいます。

> **分数**
>
> $\frac{2}{5}$ …分子
>
> …分母

POINTは
ココだよ！　$\frac{5}{5}$ は 1 のことだよ。

34
さんすう

次の □ にあてはまる数や記号をかきましょう。

① 1L を 4 等分した 1 こ分のかさを、分数を使って表すと □ L です。

② $\frac{7}{10}$ は、$\frac{1}{10}$ を □ こ集めた数です。

③ $\frac{1}{9}$ を 5 こ集めた数は □ です。

④ $\frac{4}{7}$ と $\frac{5}{7}$ の大小を、＞や＜を使って

式に表すと、$\frac{4}{7}$ □ $\frac{5}{7}$

> **ヒント** 下の数直線で考えると、$\frac{1}{7}$ より $\frac{5}{7}$ のほうが右にあるね。
>
>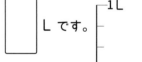
>
> 0　　$\frac{1}{7}$　　　　　　　　　1

POINTは
ココだよ！　分子と分母が等しい分数の大きさは 1 だよ！

次の問題に答えましょう。

① □にあてはまる数をかきましょう。

㋐ $\frac{1}{10}$ は、1 を □ 等分した 1 こ分です。

㋑ 0.1 は、1 を □ 等分した 1 こ分です。

② □にあてはまる＞、＜、＝をかきましょう。

㋐ 0.8 □ $\frac{6}{10}$ ㋑ $\frac{5}{10}$ □ 0.5   ㋒ $\frac{3}{10}$ □ 1

ヒント	小数と分数を 1 つの数直線の上下に表すと、下の図のようになるよ。

0　0.1　0.2　0.3　0.4　0.5　0.6　0.7　0.8　0.9　1

0　$\frac{1}{10}$　$\frac{2}{10}$　$\frac{3}{10}$　$\frac{4}{10}$　$\frac{5}{10}$　$\frac{6}{10}$　$\frac{7}{10}$　$\frac{8}{10}$　$\frac{9}{10}$　1

 POINTは ココだよ！ $\frac{1}{10}$ も 0.1 も、1 を 10 等分した 1 こ分の大きさだね。

次の計算をしましょう。

① $\frac{2}{7} + \frac{3}{7} =$ □   ② $\frac{3}{5} + \frac{1}{5} =$ □   ③ $\frac{5}{6} + \frac{1}{6} =$ □

ヒント $\frac{1}{7}$ が (2+3) こだよ。

④ $\frac{3}{4} - \frac{2}{4} =$ □   ⑤ $\frac{8}{9} - \frac{4}{9} =$ □   ⑥ $1 - \frac{9}{10} =$ □

ヒント $\frac{1}{4}$ が (3-2) こだよ。   ヒント $1 = \frac{10}{10}$ と考えよう。

 POINTは ココだよ！ 答えの分数が $\frac{4}{4}$ や $\frac{5}{5}$ のようになるときは、答えは 1 とかくよ。

Mathematics

14 2けたをかけるかけ算の筆算

37 さんすう

かけ算の筆算（2けた×2けた）
次の□にあてはまる数をかきましょう。

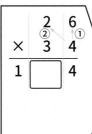 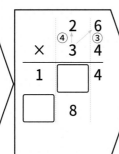 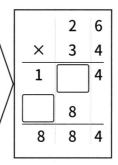

考え方

$$
\begin{array}{r}
2\ 6 \\
\times\ 3\ 4 \\
\hline
1\ 0\ 4 \\
7\ 8 \\
\hline
8\ 8\ 4
\end{array}
$$

…26×4
…26×30

78□の□はかかないよ。
だから、26 に 3 を
かけるとき、十の位から
かいていくよ。

26 に 4 を
かけます。

26 に 3 を
かけます。

たします。

POINTは ココだよ！ 一の位からじゅんに計算するよ。

38 さんすう

次の計算をしましょう。

①
$$
\begin{array}{r}
1\ 7 \\
\times\ 4\ 2 \\
\hline
\end{array}
$$

②
$$
\begin{array}{r}
5\ 0 \\
\times\ 8\ 2 \\
\hline
\end{array}
$$

③
$$
\begin{array}{r}
7\ 5 \\
\times\ 9\ 7 \\
\hline
\end{array}
$$

POINTは ココだよ！ 十の位の計算は、十の位からかいていくよ！

Mathematics

かけ算の筆算（3けた×2けた）

次の□にあてはまる数をかきましょう。

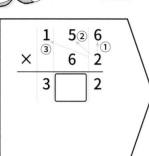

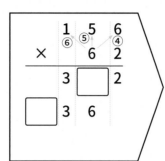

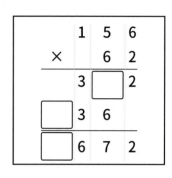

156に2を
かけます。

156に6を
かけます。

たします。

 （2けた）×（2けた）の筆算と同じように計算しよう！

次の計算をしましょう。

①
```
  1 8 2
×   4 5
```

②
```
  4 0 8
×   3 6
```

③
```
  8 5 9
×   7 0
```

 それぞれの位をたてにそろえてかこう。

三角形

41 さんすう

三角形のしゅるい、角

次の [　] にあてはまることばを「正三角形、二等辺三角形、角」の中からえらんでかきましょう。

① [　　　　]

2つの辺の長さが等しい三角形。

② [　　　]

3つの辺の長さがみんな等しい三角形。

③ [　　　]

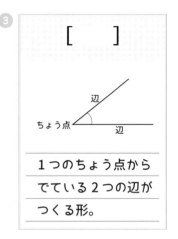

1つのちょう点からでている2つの辺がつくる形。

POINTはココだよ！　三角形には3つの角があるね。

42 さんすう

次の問題に、記号で答えましょう。

コンパス

① コンパスを使って、下の⑧～⑧から二等辺三角形や正三角形をみつけましょう。

二等辺三角形（　　　）　　　正三角形（　　　）

② 下の⑧～⑦を、角の大きいじゅんにならべましょう。

  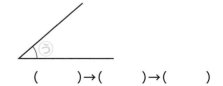

（　　　）→（　　　）→（　　　）

POINTはココだよ！　角の大きさは、角をつくる2つの辺の開きぐあいでくらべよう。

算数のお勉強
16

□を使った式

□を使った式の表し方

1ふくろのあめの数を□ことします。次の問題の式として
正しいものを、下の㋐〜㋓からえらんで、記号で答えましょう。

① あめが1ふくろあります。

2こ食べると、のこりは16こになります。　　　　　　　（　　　）

ヒント　ことばの式は、 1ふくろのあめの数 － 食べる数 ＝ のこりの数 だよ。

② あめが同じ数ずつはいっているふくろが2つあります。

あめの数は全部で16こです。　　　　　　　　　　　　（　　　）

ヒント　ことばの式は、 1ふくろのあめの数 × ふくろの数 ＝ 全部の数 だよ。

| ㋐ □＋2＝16 | ㋑ □－2＝16 | ㋒ □×2＝16 | ㋓ □÷2＝16 |

POINTは
ココだよ!
ことばの式にすると、わかりやすいよ。

44
さんすう

15mのリボンを何人かで同じ長さずつ
分けると、1人分は5mになりました。
次の問題に答えましょう。

① ことばの式で正しいほうを、下の㋐、㋑からえらんで、
記号で答えましょう。

㋐ 全体の長さ ÷ 人数 ＝ 1人分の長さ

㋑ 全体の長さ × 人数 ＝ 1人分の長さ

　　　　　　　　　　（　　　）

② 分けた人数を□人として、式にかきましょう。

　　　　　　　　　（　　　　　　）

③ ②の□にあてはまる数をかきましょう。　（　　　）

15m
5m　5m　5m

POINTは
ココだよ!
□にいろいろな数をあてはめてみよう。

Mathematics

ポイントチェック

45 3年生で学ぶ算数のだいじなことをまとめたよ。
かくにんしよう。

大きい数

一億…千万を 10 倍した数。

10 倍・10 でわる

☑ どんな数でも 10 倍すると、位が 1 つ上がり、
右はしに 0 を 1 こつけた数になる。

百	十	一
	2	5
2	5	0

← 10倍

☑ 一の位が 0 の数を 10 でわると、位が 1 つ下がり、
一の位の 0 をとった数になる。

百	十	一
2	5	0
	2	5

10でわる

秒

1 分= 60 秒

km

1km = 1000m

kg・t

☑ 1kg =1000g
☑ 1t =1000kg

円・球

 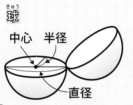

円 中心 半径 半径 直径

球 中心 半径 直径

直径は半径の 2 倍 の長さ。

分数

$\dfrac{2}{5}$ … 分子
$\dfrac{2}{5}$ … 分母

$\dfrac{2}{5}$ は $\dfrac{1}{5}$ の 2 こ分。

小数

0.1、0.7、1.5 のような数を 小数 といい、「.」を 小数点 という。
0、1、2、… のような数を 整数 という。

二等辺三角形・正三角形

☑ 二等辺三角形…2 つの辺の長さが等しい三角形。
☑ 正三角形…3 つの辺の長さがみんな等しい三角形。

算数は
ココまで！

 3 年生の算数は、これでバッチリだね！

LET'S STUDY

Science

~理科のお勉強~

もくじ

植物のつくりと育ち①

1 りか

植物のつくりと育ち

図を見て、（　）にあてはまる言葉を、あとの□からえらんで書きましょう。

 ⇨  ⇨

● 植物のたねをまくと、たねから（　　　　）が出て、やがて葉が出てくる。

　はじめに出てくる葉を（　　　　）という。

● 植物の草たけがのびると、葉の（　　　　）もふえていく。

め　　子葉　　葉　　数　　長さ

POINTはココだよ！ 植物がどのようなじゅんで育つのか、かくにんしよう！

2 りか

ゆりなさんは、植物の育ちをかんさつして、きろくしましたが、カードが水にぬれて、日づけがわからなくなってしまいました。㋐〜㋒を、育ちのじゅんにならべましょう。

㋐

ヒマワリの子葉
　　　　日

細長くて黄みどり色の子葉が出てきた。

㋑

ヒマワリの葉
5月　　日

子葉の上に、形が少しちがう葉が出てきた。

㋒

ヒマワリのたね
　　月23日

たねまきをしたよ。たねは、白と黒のしましまだった。

（　　　→　　　→　　　）

POINTはココだよ！ カードにかかれた植物の育ちのようすから、じゅんばんを考えよう。

3 図を見て、植物の体のつくりについて答えましょう。

① 図の㋐～㋓の名前は何ですか。

㋐（　　　　　）
㋑（　　　　　）
㋒（　　　　　）
㋓（　　　　　）

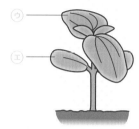

ホウセンカ　　　　ヒマワリ

② ㋐と㋑で、先に出てくるのはどちらですか。

（　　　）

③ ㋒と㋓で、先に出てくるのはどちらですか。

（　　　）

植物によって、葉の形や大きさがちがうね。

4 じゅんいちさんは、植物の育ちについてまとめました。
（　）にあてはまるものを、あとの▢からえらんで書きましょう。

日にち	草たけ	見つけたこと、気づいたこと
4月15日	―――	たねまきをした。
4月23日	1cm	めが出た。
4月27日	3cm	（①　　　　）が2まい出ていた。
5月8日	（②　　　）	葉が（③　　　）出ていた。
5月15日	7cm	葉が5まい出ていた。

2cm　5cm　10cm　3まい　7まい　10まい　子葉（しょう）　根（ね）

植物はだんだん草たけがのびて、葉の数はふえるよ！

植物のつくりと育ち②

5
りか

次の [　] の中の文字をなぞって、
植物のつくりと育ちについてまとめましょう。

植物の体

●植物は、色や形、大きさはちがっても、つくりは同じで、

[根]、[くき]、[葉] からできている。

葉

くき

根

植物の一生

●植物は、たねをまいたあと、めが出て、根・くき・葉が

大きくなり、[つぼみ] ができて [花] がさく。

●花がさいたあとには、[実] ができて、やがて [かれる]。

実の中には [たね] ができている。

POINTは
ココだよ！
植物は、花がさいたあとには実をのこしてかれてしまうんだね。

6
りか

みんなで植物の体のつくりをかんさつしました。
根、くき、葉について話しているのはだれか答えましょう。

ゆうこ　たくさんの葉や花が
ついていたね。

めい　くきについていて
育つにつれて
数がふえたよ。

しげる　土をほってみたら、
土の中にのびて
広がっていたよ。

ともや　植物の体は
根・くき・葉から
できているね。

根（　　　）　くき（　　　）　葉（　　　）

POINTは
ココだよ！
土の中には根が広がっているよ！葉はどこについているのかな？

science

7 _{りか}

はるひさんは、植物が育つようすをきろくしました。
しかし、1まいだけ、日づけをまちがえて書いてしまいました。
日づけをまちがえたカードは、㋐～㋓のどれですか。

㋐
めが出た
4月27日

たねからめが出て、
子葉がひらいた。

㋑
実ができた
5月12日

花があったところ
に実ができた。

㋒
花がさいた
7月18日

たくさんの花が
さいた。

㋓
かれた
10月8日

たくさんの実を
のこしてかれて
しまった。

(　　)

POINTは
ココだよ！

植物は、めが出る→根・くき・葉が大きくなる→花がさく→実ができる→かれる、
というじゅんに育つのだったね。

8 _{りか}

たいちさんは、ホウセンカの一生についてせつめいしました。
( )にあてはまる言葉を、あとの□からえらんで書きましょう。

春、たねをまいてしばらくすると、(　　　　)が出ました。
夏にかけて、草たけがのびて(　　　　)なっていきました。
やがて、(　　　)ができ、(　　　)がさきました。
さき終わった花はしぼんでしまいましたが、花のあったところには
(　　　)ができていました。
実の中にはたくさんの(　　　)が入っていました。
秋になると、ホウセンカはかれてしまいました。

| たね　　め　　つぼみ　　花　　実　　茶色く　　大きく　　小さく |

POINTは
ココだよ！

実の中には、たねができているんだね！

こん虫のつくりと育ち①

9 リか
次の[ ]の中の文字をなぞって、
こん虫のつくりと育ちについて
まとめましょう。

頭
むね
はら

カブトムシ

こん虫のつくり

● こん虫は、色や形、大きさはちがっても、つくりは同じで、
[頭]、[むね]、[はら]からできている。
● こん虫の頭には、[目]、[口]、[しょっ角]があり、
むねには、[6]本のあしがついている。

こん虫の育ち

● チョウは、[たまご]→[よう虫]→[さなぎ]→[せい虫]の
じゅんに育つ。
● カブトムシの育ちも、チョウの育つじゅんと[同じ]。

POINTは
ココだよ！
こん虫のからだは、頭、むね、はらからできているんだね！

10 リか
ゆずさんは、チョウの育つようすを写真にとりましたが、
じゅんばんがばらばらになってしまいました。
㋐〜㋓を、育ちのじゅんにならべましょう。

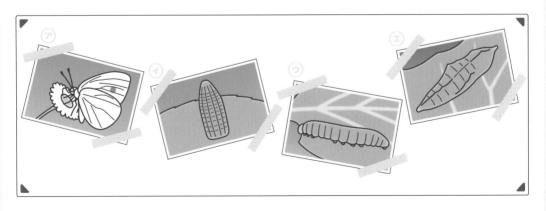

(㋑ → → →)

POINTは
ココだよ！
チョウは、たまご→よう虫→さなぎ→せい虫のじゅんに育つよ！

図を見て、チョウの体のつくりについて答えましょう。

① 図の⑦～⑨の名前は何ですか。

⑦ （　　　　　）

⑦ （　　　　　）

⑨ （　　　　　）

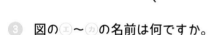

② チョウのように、体が⑦～⑨の
部分でできていて、⑦に６本の
あしがある動物を何といいますか。

（　　　　　　　）

③ 図の④～⑥の名前は何ですか。

④ （　　　　　　）　⑥ （　　　　　　）　⑥ （　　　　　　　）

POINTは
ココだよ！　頭には、目や口、しょっ角があるよ。

モンシロチョウについて、育ちのようすとそのときの食べ物を
線でつなぎましょう（同じものと２回つないでもかまいません）。

　たまご　・

・何も食べない

　よう虫　・

・キャベツの葉

　さなぎ　・

・花のみつ

　せい虫　・

POINTは
ココだよ！　たまごのときと、さなぎのときは、動かないんだね！

Science

こん虫のつくりと育ち②

13 りか

（　）にあてはまる言葉を、あとの□からえらんで
書きましょう。

こん虫の育ち

●バッタは、（　　　　）→（　　　　）→（　　　　）のじゅんに育つ。
チョウとちがい、さなぎにはならない。

●トンボの育ちも、バッタの育つじゅんと（　　　　）。

こん虫のすみかと食べ物

●こん虫は、（　　　　）や（　　　　）場所があるところをすみかにしている。

たまご　　　よう虫　　　せい虫　　　食べ物　　　遊ぶ　　　かくれる　　　同じ

POINTはココだよ！　さなぎになるこん虫と、ならないこん虫がいるよ。

14 りか

みさきさんは、こん虫の育ちについてノートにまとめました。
（　）にあてはまる言葉を書きましょう。

○カブトムシは、（　　　　）→よう虫
→さなぎ→せい虫のじゅんに育つ。

○バッタは、たまご→（　　　　）→
せい虫のじゅんに育つ。

○カブトムシは（　　　　）になるけど、
バッタはならない。

○バッタは、よう虫とせい虫のすがたがにている。

○カブトムシもバッタも、（　　　　）をぬいで大きくなる。

カブトムシの育ち
○→よう虫→さなぎ→せい虫
たまご　よう虫　さなぎ　せい虫

バッタの育ち
→よう虫→せい虫
たまご　よう虫　せい虫

POINTはココだよ！　こん虫は、皮をぬいで大きくなるんだよ！

15

はるなさんとみれいさんは、見つけたこん虫について話をしています。（　）にあてはまるものを、あとの□□からえらんで書きましょう。

はるな
今日、チョウをつかまえたよ。
あしは（　　　　）本で、（　　　　）についているよ。

みれい
わたしのつかまえたトンボと同じだね。
はらはどうなってる？

はるな
チョウのはらには（　　　　）があるよ！

みれい
トンボと同じだ！ふしのところで体を曲げることができるよ。

2　4　6　頭　むね　はら　ふし

POINTはココだよ！　こん虫のはらにはふしがあって、体を曲げることができるよ！

16

こん虫のすみかと食べ物について、（　）にあてはまる言葉を、あとの□□からえらんで書きましょう。

	すみか	食べ物
バッタ	（❶　　　　　）	草を食べる。
カマキリ	野原	（❷　　　　　）を食べる。
カブトムシ	林	（❸　　　　　）をなめる。

草むら　花　木のしる　ほかの虫　花のみつ

POINTはココだよ！　こん虫は、食べ物がたくさんある場所をすみかにしているよ！

風やゴムの力のはたらき

17
りか

図を見て、（　）にあてはまる言葉をえらんで、〇でかこみましょう。

風の力

●車の「ほ」に風を当てると、車が進む。
　風には、ものを動かす力が（　ある　・　ない　）。

●風を強くすると、車が遠くまで走る。風が強くなると、
　ものを動かす力は（　大きく　・　小さく　）なる。

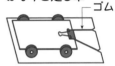
「ほ」が風を受けて
走る車
——ほ

ゴムの力

●車にゴムをつけ、ゴムをのばしてから手をはなすと、車が進む。
　ゴムには、ものを動かす力が（　ある　・　ない　）。

●ゴムを引っぱる長さを長くしたり、ゴムの本数を多くしたり
　すると、車が進むきょりは（　長く　・　短く　）なる。

ゴムをのばして手を
はなすと走る車
——ゴム

POINTは
ココだよ!
風やゴムの力で、ものを動かすことができるよ！

18
りか

「ほ」が風を受けて走る車を走らせたときのことについて、
答えましょう。

① 「ほ」に当てる風の強さをかえて、車を走らせてみました。
　より強い風を当てたときのようすを表しているのは、㋐、㋑のどちらですか。

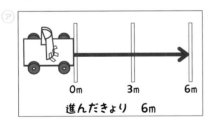
㋐
0m　3m　6m
進んだきょり　6m

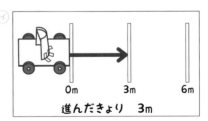
㋑
0m　3m　6m
進んだきょり　3m

（　　　）

② ㋑のときより「ほ」に当てる風を弱くすると、車が走るきょりは長くなりますか。
　短くなりますか。

（　　　　　　　）

POINTは
ココだよ!
強い風のほうが、ものを動かすはたらきが大きいよ！

みみさんはゴムの力で走る車を使って、ゴムを引っぱる長さや
ゴムの本数をかえて走らせました。
イヌの足あとできろくが見えなくなってしまった ① と ④ の進んだ
きょりについて、あとの ⬚ からえらんで書きましょう。

ゴムをのばして手を
はなすと走る車

	ゴムを引っぱる長さ	ゴムの本数	進んだきょり
①	2cm	1本	🐾くらい
②	2cm	2本	3mくらい
③	5cm	1本	6mくらい
④	5cm	2本	🐾くらい

① (　　　　)
④ (　　　　)

0m　　2m　　5m　　10m

POINTは
ココだよ！

ゴムを長くのばすほど、ゴムの本数を多くするほど、進むきょりが長くなるよ！

ごうさんとけんさんが、ゴムの力で走る車を使って
まと入れゲームをしました。1回目は図のようになりました。
2回目はそれぞれくふうをしたところ、1台がまとの上に
止まりました。それはごうさんとけんさんのどちらの車ですか。

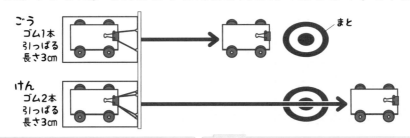

ごう
ゴム1本
引っぱる
長さ3cm

けん
ゴム2本
引っぱる
長さ3cm

まと

ごう　1回目より、ゴムを引っぱる長さを
もう少し長くしてみる！

けん　2回目は、ゴムの本数を3本に
ふやしてみよう！

(　　　　)

POINTは
ココだよ！

ゴムの力を強くすればよいのかな？弱くすればよいのかな？

かげのでき方と太陽の光

理科のお勉強 06

21 りか

かげと太陽

次の[ ]の中の文字をなぞって、
かげのでき方と太陽の動きをまとめましょう。

● かげができるとき、太陽はかげの[反対]がわに見える。

● 太陽が[東]から南の空を通って[西]へ動くにつれて、
かげは西から[北]を通って東へ動く。

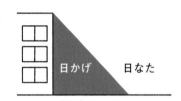

日なたと日かげ

（ ）にあてはまる言葉を書いて、日なたと日かげのちがいをまとめましょう。

	日なた	日かげ
明るさ	（❶　　　　　　）	暗い
しめりぐあい	かわいている	（❷　　　　　　　）
あたたかさ	日なたのほうがあたたかい	

日かげ　　日なた

POINTはココだよ!

太陽は明るく、あたたかいことから、日なたと日かげのちがいを考えよう。

22 りか

くるみさんは鉄ぼうで遊んだことを日記に書きました。
図を見て、（ ）にあてはまる言葉を、あとの□□から
えらんで書きましょう。

9月20日

　今日は晴れていたので、はなさんと鉄ぼうで
遊びました。
　じぶんと鉄ぼうに（　　　　　）が当たって、
どちらのかげも（　　　　　）向きにできて、
みんなでならんでいるみたいでした。
　太陽はかげの反対がわにあるので、かげを見て
いるときは、（　　　　　）のほうがポカポカして
あたたかかったです。

日光　　太陽　　同じ　　反対　　おなか　　せなか

POINTはココだよ!

かげは、日光をさえぎるものがあると、どれも同じ向きにできるよ。

23 リか

次の文は、かげと太陽の動きやいちについて書いています。
（　）にあてはまるほういを書きましょう。

① 午前9時ごろ、木のかげが西のほうにできていました。
太陽はどちらのほうにありますか。

（　　　）

② 午後5時ごろ、木のかげはどちらのほうにできますか。

（　　　）

③ 太陽は時間がたつと、東から南の空を通ってどちらの
ほうへ動きますか。

（　　　）

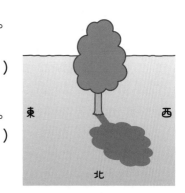

 POINTは ココだよ！ 太陽が動くと、かげの向きもかわるんだね。

 24 りか

まふゆさんは、よく晴れた日に、日なたと日かげの地面の温度を
調べて、表にまとめました。（　）にあてはまるものを、
あとの◻︎からえらんで書きましょう。

	日なた	日かげ
午前9時	14℃	（①　　　　）
正午	（②　　　　）	16℃
まとめ	日なたの地面は明るい。また、（③　　　　　　）、かわいている。	日かげの地面は暗い。また、（④　　　　　　）、少ししめった感じがする。

13℃　　16℃　　20℃　　あたたかく　　つめたく

 POINTは ココだよ！ 日光によって、日なたの地面はあたためられるね！

光のせいしつ

25 りか

光のせいしつ

（　）にあてはまる言葉を、あとの　□　からえらんで書きましょう。

● （　　　　　　）ではね返した日光をものに当てると、
（　　　　　　）、あたたかくなる。

● かがみではね返した日光は、（　　　　　　　）進む。

● （　　　　　　）を使って日光を小さな部分に集めると、
とても明るく、あつくなる。

> かがみ　　虫めがね　　明るく　　まっすぐに　　曲がりながら

 **POINTは ココだよ!** 日光も、かがみではね返した光も、まっすぐに進むよ!

26 りか

のりかさんとれなさんは、かがみを
使い、日光をはね返して遊びました。
図を見て、光について答えましょう。

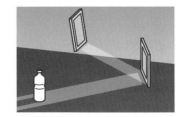

① はね返した日光はまっすぐに進むでしょうか。
曲がって進むでしょうか。

（　　　　　　　　　）

② はね返した日光の通り道にかがみをおいて、さらに日光をはね返すことが
できるでしょうか。できないでしょうか。

（　　　　　　　）

③ はね返した日光を日かげのかべに当てると、明るく、あたたかくなるでしょうか。
ならないでしょうか。

（　　　　　　　）

 **POINTは ココだよ!** はね返した日光を、さらにはね返すこともできるよ!

27 りか

図は、3まいのかがみを使って、日光をはね返してかべに当てた
ときのようすです。はね返した日光を重ねたときのことについて、
答えましょう。

① 図の⑦～⑦で、2まいのかがみではね返した日光が
重なっているのはどこですか。

（　　　）

② ⑦～⑦を、明るいじゅんにならべましょう。

（　　　→　　　→　　　）

③ ⑦～⑦のうち、いちばんあたたかいのはどこですか。

（　　　）

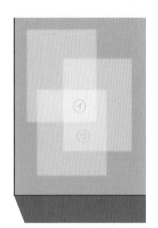

POINTは
ココだよ！

日光を重ねるほど、明るく、あたたかくなるよ！

---

28 りか

虫めがねで日光を集めて、紙に当てました。
集めた日光を当てた部分の明るさとあたたかさに
ついて、正しいことを言っているのはだれですか。

かずや　明るい部分を
大きくしたほうが
あつくなるよ。

じゅん　明るい部分の大きさと
あたたかさは、
かんけいないよ。

さとし　明るい部分を
小さくしたほうが
あつくなるね。

（　　　）

POINTは
ココだよ！

明るい部分を小さくすると、紙がこげるほどあつくなるので気をつけよう！

音のせいしつ

29

（　）にあてはまる言葉を、あとの◻️からえらんで書きましょう。

音が出るときと音のつたわり方

● 音を出しているものや、音をつたえているものは、
　（　　　　　　　）いる。

音の大きさ

音の大きさ	音を出すもののふるえ方
音が大きい	ふるえ方が（　　　　　）
音が小さい	ふるえ方が（　　　　　）

光って　　　ふるえて　　　大きい　　　小さい　　　かわらない

POINTは
ココだよ！　　ピンとはったわゴムをはじいて、音とふるえ方をかんさつしてみよう！

30

音楽の時間のはなさんとゆうなさんの会話です。
（　）にあてはまる言葉を、あとの◻️からえらんで
書きましょう。

はな　どの楽器も楽しそうだけど、わたしはたいこがいいな。
　　　たいこをたたくと、まくが（　　　　　　　）よ。

トライアングルも同じなのかな？　ゆうな

はな　手でさわるとわかるけど、さわると音が（　　　　　　）ね。

強くたたくと、音が（　　　　　　）のは同じだね。　ゆうな

はな　じゃあ、だんだん音が大きくなるようにいっしょにたたこう。

ふるえる　　　光る　　　大きくなる　　　止まる

POINTは
ココだよ！　　音が出ているものはどうなっているのか、かくにんしよう！

31 りか
紙コップと糸を使って、糸電話を作ります。
音がつたわるときのようすについて、答えましょう。

① 糸電話は、紙コップから紙コップまで、何が音をつたえますか。

（　　　）

② 糸電話で話すとき、ピンとはっている糸を指でつまむとどうなりますか。
⑦〜⑦からえらびましょう。
⑦　糸をつまむ前と、音の聞こえ方はかわらない。
⑦　糸をつまむ前より、音が大きくなる。
⑦　糸をつまむ前は聞こえていた音が、聞こえなくなる。

（　　　）

③ 糸電話で話すとき、糸をたるませるとどうなりますか。
⑦〜⑦からえらびましょう。
⑦　ピンとはっているときと、音の聞こえ方はかわらない。
⑦　ピンとはっているときより、音が大きくなる。
⑦　ピンとはっているときに聞こえていた音が、聞こえなくなる。

（　　　）

 音が出て、つたわるときには、ものがふるえているよ。

32 りか
音の大きさについて答えましょう。

① たいこをたたいて音を出します。大きな音を出すには、強くたたきますか。
弱くたたきますか。

（　　　　　　）

② たいこの音が2回聞こえました。2回目のほうが1回目より小さかったとき、
より強くたたいたのは、1回目ですか。2回目ですか。

（　　　　　　）

③ ピンとはったわゴムをはじいて、音を出します。
小さな音が出るのは、大きくふるえているときですか。
小さくふるえているときですか。

（　　　　ふるえているとき）

 ふるえ方が大きいと、音の大きさも大きいよ！

33
リカ

（　）にあてはまる言葉を書きましょう。

明かりがつくつなぎ方

● 豆電球と、かん電池の＋きょくと（　　　　）きょくがどう線で
「わ」のようにつながって、（　　　　）の通り道ができているとき、
豆電球の明かりがつく。

● この電気の通り道を（　　　　）という。

電気を通すものと通さないもの

● 鉄や銅などの（　　　　）は、電気を通す。

● プラスチックや紙、木、ゴムは、電気を（　　　　）。

POINTは
ココだよ！　　どう線を２本ともかん電池の同じきょくにつなぐと、豆電球の明かりはつかないよ！

34
リカ

図を見て、明かりをつけるための道具について答えましょう。

① 図の⑦〜⊆の名前は何ですか。あとの□□□からえらんで書きましょう。

⑦　（　　　　　　　）
⑦　（　　　　　　　）
⑦　（　　　　　　　）
⊆　（　　　　　　　）

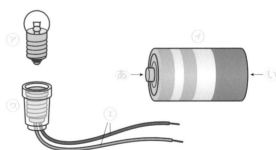

| かん電池　　　豆電球 |
| ソケット　　　どう線 |

② 図の⑦について、＋きょくは⑧、⑩のどちらですか。

（　　　）

POINTは
ココだよ！　　かん電池のとび出しているほうが＋きょくだよ！

みんなで、豆電球とかん電池を使って、明かりがつくつなぎ方を調べました。明かりがついたのは、だれのつなぎ方ですか。また、明かりがつかなかったのは、だれのつなぎ方ですか。

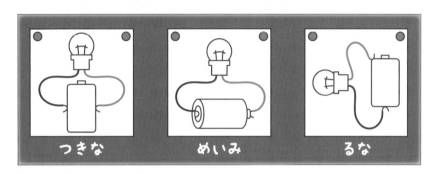

つきな　めいみ　るな

明かりがついた　（　　　　）

明かりがつかなかった　（　　　　）と（　　　　）

POINTはココだよ! どう線を＋きょくと－きょくにつないでいるのはだれの回路かな？

Science

図の回路では、豆電球に明かりがついています。次の問題に答えましょう。

① 次の中で、電気を通すものに〇をつけましょう。

鉄　　　　　（　　）
プラスチック（　　）
アルミニウム（　　）
紙　　　　　（　　）
木　　　　　（　　）
銅　　　　　（　　）
ガラス　　　（　　）

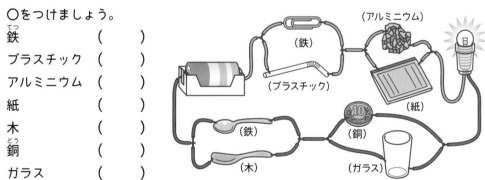

② ①で〇をつけたものを、まとめて何といいますか。

（　　　　）

POINTはココだよ! 金ぞくには、電気を通すせいしつがあるよ！

じしゃくのせいしつ

37
リガ

じしゃくのせいしつ
（　）にあてはまる言葉を、あとの□□からえらんで書きましょう。

鉄のかん
アルミニウムのかん

● ものには、じしゃくにつくものと、つかないものがある。
　（　　　　　）でできたものは、じしゃくにつく。
● じしゃくの力は、はなれていても（　　　　　　　）。
　その力は、じしゃくに（　　　　　　　）ほど強くはたらく。
● 鉄をじしゃくにつけると、その鉄が（　　　　　　　）になる。
● じしゃくの同じきょくどうしを近づけると（　　　　　　　　）。
　また、ちがうきょくどうしを近づけると（　　　　　　　　）。

鉄　　じしゃく　　はたらく　　引き合う　　しりぞけ合う　　遠い　　近い

POINTはココだよ！　同じきょくどうしはしりぞけ合い、ちがうきょくどうしは引き合うよ！

38
リガ

リリさんは、身の回りのものがじしゃくにつくかどうかを
調べました。図の中で、じしゃくにつくものを〇でかこみましょう。

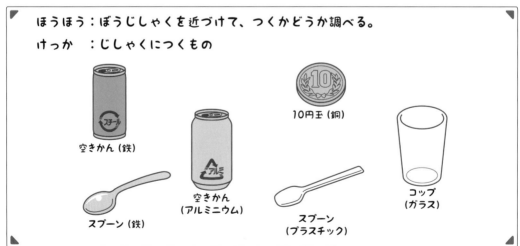

ほうほう：ぼうじしゃくを近づけて、つくかどうか調べる。
けっか　：じしゃくにつくもの

空きかん（鉄）
空きかん（アルミニウム）
10円玉（銅）
コップ（ガラス）
スプーン（鉄）
スプーン（プラスチック）

POINTはココだよ！　鉄でできているものは、じしゃくにつくよ！

39 _{リカ} じしゃくのきょくについて、答えましょう。

① じしゃくには、2つのきょくがあります。N（エヌ）きょくと何きょくですか。

（　　　きょく）

② たくさんのゼムクリップが入った箱（はこ）の中に、ぼうじしゃくを入れて、ゆっくりととり出したときのようすで正しいものは、⑦〜⑨のどれですか。

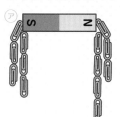 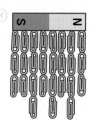 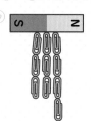

（　　　）

 **POINTはココだよ！** じしゃくの両（りょう）はしが、いちばんじしゃくの力が強いね！

40 _{リカ} N（エヌ）きょくとS（エス）きょくがわからない、なぞのぼうじしゃくがあります。次（つぎ）の問題（もんだい）に答えましょう。

① Nきょくを近づけると、⑦は引きつけられました。⑦は何きょくですか。

（　　　きょく）

② Nきょくを近づけると、⑦とはしりぞけ合いました。⑦は何きょくですか。

（　　　きょく）

③ ①、②から、⑦と⑦を近づけると、引き合いますか。しりぞけ合いますか。

（　　　　　　）

 **POINTはココだよ！** NきょくとSきょくは引き合うよ。NきょくとNきょく、SきょくとSきょくはしりぞけ合うね。

答え13ページ **101**

ものと重さ

41 りか
図を見て、（　）にあてはまる言葉を、あとの□からえらんで書きましょう。

ものの形と重さ

● ものは、（　　　　）をかえても、重さはかわらない。

また、ものを小さく分けても、全部の（　　　　）はかわらない。

もののしゅるいと重さ

● （　　　　）体積のものでも、

もののしゅるいがちがうと、

重さは（　　　　）。

鉄　アルミニウム　ゴム　プラスチック　木

同じ体積のおもり

重い ←―――――――→ 軽い

```
ちがう　　同じ　　形　　重さ
```

POINTは
ココだよ！　同じ体積の鉄と木では、鉄のほうが重いよ！

42 りか
ねんどの形をかえて、重さをはかりました。
次の問題に答えましょう。

① 丸い形のねんどを平らな形にしました。

重さはかわりますか。かわりませんか。

（　　　　　　　　）

② 丸い形のねんどを細かく分けました。

全部の重さはかわりますか。かわりませんか。

（　　　　　　　　）

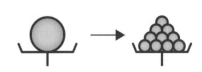

POINTは
ココだよ！　形はかわっても、重さはかわりません！

science

43 りか 体重計は体重をはかる道具です。これについて、__まちがったこと__を言っているのはだれですか。

ゆずか 体重計に立ってのっても すわってのっても、 重さはかわらないよ。

みう 服を着て体重計にのると、 服と自分を合わせた 重さになるね。

あいか 体重計に両足でのるより、 かた足でのったほうが 軽くなるよ。

(　　　)

 形や体積はかわっているかな？

44 りか 同じ体積の木、鉄、アルミニウムの おもりの重さを調べて、ぼうグラフに しました。次の問題に答えましょう。

① いちばん重いのは、どのおもりですか。

(　　　 のおもり)

② いちばん軽いのは、どのおもりですか。

(　　　 のおもり)

③ もののしゅるいがちがっても、同じ体積なら、 重さも同じだといえますか。いえませんか。

(　　　)

重さ
(g)

350
300
250
200
150
100
50
0

木の
おもり　鉄の
おもり　アルミニウム
のおもり

 もののしゅるいがちがうと、同じ体積でも重さはちがうよ。

理科で使う器具

45 リカ　理科で使う器具について、かくにんしましょう。

虫めがね

☑ 虫めがねを使うと、小さなものが大きく見える。
☑ 虫めがねを使うと、日光を集めることができる。
　注意 目をいためるので、ぜったいに
　　　虫めがねで太陽を見てはいけない。

ほういじしん

☑ ほういじしんのはりは、北と南を指して止まるので、
　ほういじしんを使うと、東・西・南・北などの
　ほういを知ることができる。
　注意 近くにじしゃくや鉄がないところで使う。

温度計

☑ 温度計を使うと、えきだめにふれている土や水、空気などの
　あたたかさをはかることができる。

目もりの読み方…えきの先と目の高さを合わせて読む。

このときの温度は
「16度」と読み、
「16℃」と書く。

えきだめ

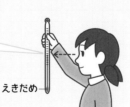

注意 温度計はこわれやすいので、
　　落としたり、ものにぶつけたり
　　しないように気をつける。
　　また、温度計で土をほってはいけない。

理科は
ココまで！
安全に気をつけて、楽しくかんさつ・じっけんをしよう。

LET'S STUDY

Social Studies

~社会のお勉強~

もくじ

学校のまわり

I しゃかい

たんけんするときの持ち物

次の絵にあてはまるものを、右からえらんで（　）に書きましょう。

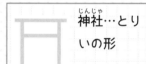
カメラ
時計
えんぴつ

地図　　　（　　　　　）（　　　　　）（　　　　　）

方位・地図記号

方位を表す記号と地図記号をなぞりましょう。

方位を表す記号…北を表す記号	小・中学校…「文」の文字の形	神社…とりいの形

POINTはココだよ！　地図記号で、土地利用やたて物の様子がわかるね！

2 しゃかい

たんけんにひつような物について、下の絵をさんこうにしながら、次の文の（　）にあてはまる言葉を書きましょう。

① 方位をたしかめるためには（　　　　　　　）が役に立つね。

② 気になるものを写せるように（　　　　　　　）がひつようだよ。

③ 学校にもどる時間におくれないように（　　　　　　　）を持っていこう。

④ わかったことを記ろくするために、メモ用紙と（　　　　　　　）はかかせない。

⑤ 道じゅんをたしかめるために（　　　　　　　）がひつようだね。

POINTはココだよ！　道具を使って、まちの様子をたしかめていこう！

3 方位じしんと、地図のきまりについて、次の問題に答えましょう。

① 方位じしんの色のついたはりは、どの方位を指して止まりますか。

（　　　　　）

② 地図にかかれている、右の方位を表す記号で、北は ア ～ エ のどれに
あたりますか。記号を書きましょう。

（　　　　　）

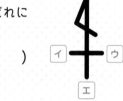

③ 地図にかかれている、右のものさしについて、次の文の（　）にあて
はまる言葉を書きましょう。

じっさいの（　　　　　　　）がわかるものさし

0　50　100　150　200(m)

POINTは
ココだよ！　四方位をおぼえたら、八方位にもちょうせんしてみよう！

4 地図記号が表しているものを、下の（　）に書きましょう。

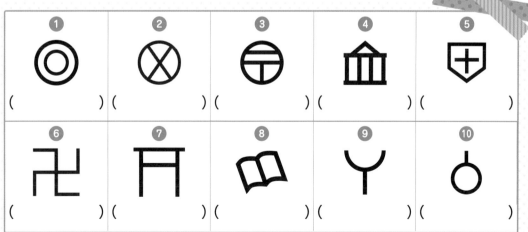

①	②	③	④	⑤
◎	⊗	〒	血	⊕
（　　　）	（　　　）	（　　　）	（　　　）	（　　　）
⑥	⑦	⑧	⑨	⑩
卍	鳥居	本	Y	○
（　　　）	（　　　）	（　　　）	（　　　）	（　　　）

POINTは
ココだよ！　神社と寺院の地図記号はまちがいやすいよ！気をつけよう。

社会のお勉強
02

市の様子

市の様子

市の様子を調べた次の地図について、なぞってまとめましょう。

[田]　　[畑]
[市役所]
鉄道
[工場]　　けいさつしょ

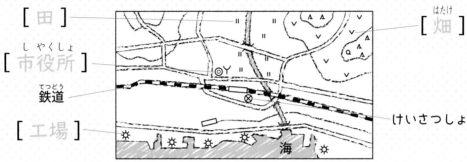

・たて物や土地利用の様子をわかりやすく記号で表したものを
[地図記号]という。
・方位を表す記号がない地図は、上が[北]になっていることが多い。

POINTはココだよ! 地図記号で、土地利用やたて物の様子がわかるね!

右の地図を見て、市の様子にあてはまるものには〇を、
あてはまらないものには✕を書きましょう。

❶ (　　) 市の北のほうから南のほうへ川が流れている。

❷ (　　) 川ぞいに畑が広がっている。

❸ (　　) 海ぞいに工場がたくさんある。

❹ (　　) 市役所の近くには図書館がある。

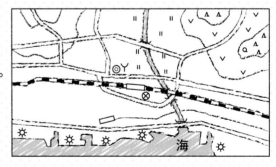

POINTはココだよ! 地図のどこに何を表す地図記号があるかを、指で指してかくにんしよう!

7 次のじゅんこさんのせつ明を読んで、地図中の❶〜❹から、じゅんこさんの家をえらんで記号を書きましょう。

かおりさんの家を出たら、まっすぐ東に歩いて病院をこえたら右に曲がってね。そのまま歩くと右がわが田んぼになっているよ。橋をわたったあと東に進んでね。図書館のとなりがわたしの家だよ。遊びに来てね！

じゅんこ

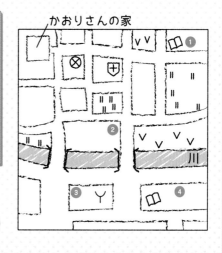

かおりさんの家

（　　　）

POINTはココだよ！　地図に線をかきながら考えよう！

8 地図中の★に立っているのは、さきさんかゆいさんのどちらですか。次の2人のせりふを読んで、名前を答えましょう。

さき　駅の南がわから出たら、交番が目の前にありました。交番を右に見ながらまっすぐ歩いてきました。

ゆい　交番の前から線路ぞいに、南西の方向に進みました。さいしょの曲がり角で左に曲がって歩いてきました。

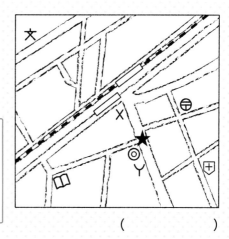

（　　　　　　　）

POINTはココだよ！　スタート地点から、2人がどの道を通ったか、地図に線をかきこんでみよう！

Social studies

農家の仕事

9 秋ねぎづくりの１年

次の（　）にあてはまる言葉を下からえらんで、秋ねぎをつくる
カレンダーをかんせいさせましょう。

次の年

| 9月 | 10月 | 11月 | 12月 | 1月 | 2月 | 3月 | 4月 | 5月 | 6月 | 7月 | 8月 | 9月 | 10月 | 11月 |

（❶　　　　　）をまく　　（❷　　　　　）を畑に植える　（❺　　　　　）をする

なえの世話	畑の世話
水をやるなど	（❸　　　　）や （❹　　　　）をまくなど

なえ　　とり入れ　　たね　　農薬　　ひりょう

POINTはココだよ！ 農家では１年以上かけて育てているんだね！

10 あすかさんは、秋ねぎづくりの様子をカードにまとめましたが、
何月のことかを書きわすれてしまいました。カードはそれぞれ何月
のできごとか、下からえらんで書きましょう。

❶（　　　　）　　　　　❷（　　　　）　　　　　❸（　　　　）

（　　）21日
秋ねぎの皮むき と箱づめを１本 ずつていねいに していた。

（　　）6日
今日は水やりを すると同時に農 薬をまいていた。 秋ねぎのせい長 が楽しみだ。

（　　）28日
トラクターで畑 をたがやして いた。もうすぐ なえを植えられる そうだ。

7月　　11月　　3月

POINTはココだよ！  秋ねぎは４月になえを畑に植えて、11月ごろにとり入れるよ。

Social studies

社会のお勉強
04

工場の仕事

食べ物をつくる工場ではたらく人の様子

右の絵をさんこうにして、次の（　）にあてはまる言葉を
下からえらんで書きましょう。

・工場の中が（①　　　　　　）になる
ように気をつけている。
・白い服で、よく（②　　　　　　）
をあらっている。工場に入るときは、
服の（③　　　　　　）をきかいの風
ではらったり、長ぐつを
（④　　　　　　）したりしている。
・つくっている食べ物にごみが入らないようにしている。

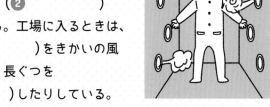 

消どく　　せいけつ　　ほこり　　手

 POINTは
ココだよ！
食品の工場は安全なものをつくるように気をつけているんだね。

12

次の文は、食べ物をつくっている工場を見学したときのれんさんの
メモです。（　）の中から正しいほうをえらんで、〇でかこみましょう。

れんさんの見学メモ

① 安全でおいしい食べ物をつくるため、手あらいやきかいの風で、
食べ物に（　ごみが入らないよう　・　ざいりょうが全部入るよう　）に
気をつけている。

② 食べ物の工場ではたらく人は、かみの毛を（　ぼうし　・　マスク　）
の中に入れている。

③ よごれが（　目立つ　・　目立たない　）ように、
白色の服を着ている。

 POINTは
ココだよ！
工場では食べ物に、ばいきんやよごれが入らないよう注意しているんだ！

答え 15 ページ

Social studies

スーパーマーケット

13 しゃかい

スーパーマーケットのくふう

スーパーマーケットのくふうを、なぞってまとめましょう。

- ・[ちゅう車場]が広い…ゆっくり、たくさん買い物ができる。
- ・魚や肉を切って売っている…ほしい分だけ買い物ができる。
- ・ねふだに[産地]などが書かれている…品物がつくられた場所を知ることができる。
- ・品物に[バーコード]をはっている

  …レジで読み取ると、品物のねだんや売れゆきがわかる。
- ・リサイクルコーナーがある

  …ごみをへらすなど[かんきょう]を守る取り組みをしている。

☞ バーコード

POINTは ココだよ! 品物を売るだけではなく、地いきの役に立つことも考えているね!

14 しゃかい

あゆみさんは、日記にスーパーマーケットに買い物に行ったことを書きました。（ ）にあてはまる言葉を下からえらんで書きましょう。

〇月×日　くもり

お母さんにたのまれて、スーパーマーケットに魚とビスケットを買いに行きました。売り場をさがすのに（❶　　　　　　　）がべんりでした。魚売り場では、魚を切って売っていて買いやすくなっていました。ビスケットを売っているおかし売り場では、（❷　　　　　　　）で売れゆきを調べている人がいました。

（❸　　　　　　　）の人は、お金の受けわたしをまちがえないように、でもまたせないように、おつりをわたしてくれました。

| かんばん　　コンピューター　　レジ　　ちゅう車場　　リサイクルコーナー |

POINTは ココだよ!  コーナーごとにちがうくふうがされているね!

Social studies

 **15** しゃかい

スーパーマーケットのくふうについて、次の❶～❹の絵を見てお客さんにとってべんりなことを、下の㋐～㋓からえらんで書きましょう。

 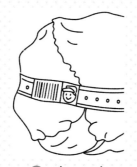   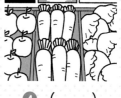

❶（　　）　❷（　　）　❸（　　）　❹（　　）

㋐　車で来店しやすい。
㋑　レジの計算がはやい。
㋒　商品の売り場がさがしやすい。
㋓　ねだんがすぐにわかる。

 POINTはココだよ！ 買い物しやすい店づくりが行われているよ！

16 しゃかい

左の❶～❸のせりふは、お客さんのねがいです。このねがいを聞いて、㋐～㋒のスーパーマーケットで行われたくふうを、線でむすびましょう。

❶ 1人ぐらしなので、魚は1人分だけ買いたいよ。

❷ 牛にゅうパックやトレーを回しゅうしてほしいな。

❸ この牛にゅうが、いつでもおいてあるといいな。

㋐ コンピューターで品物をかんりして注文します。

㋑ 切った魚をパックに入れて売っています。

㋒ リサイクルコーナーをせっちしています。

 POINTはココだよ！ 牛にゅうパックやトレーは、回しゅうしたあとはリサイクルされているよ！

答え 15 ページ　113

社会のお勉強

06

地いきの安全を守る①

17 しゃかい

消ぼうの仕事

次の（　）にあてはまる言葉や数字を下からえらんで書きましょう。

119番

通信指令室

消ぼうしょ

電力会社

ガス会社

水道局

など…

・火事を発見したら、（①　　　　　　）番に電話をすると、

電話は（②　　　　　　）につながります。

・消ぼうしょでは、いつでも出動できるように

（③　　　　　　）時間交代ではたらいています。

・出動していないときはきゅう助の（④　　　　　　）

や、道具の（⑤　　　　　　）をしています。

・消火だけでなく、火事をふせぐ、

（⑥　　　　　　）も大切です。

通信指令室　　24　　ぼう火　　119　　くん練　　点けん

POINTはココだよ！ 火事は消すだけでなく、ふせぐことも大切なんだね！

18 しゃかい

次のカードは、火事が起きたとき、消ぼうしょに協力するしせつや
人びとをしょうかいしています。それぞれどこのしせつや人びとか
を書きましょう。

火事でけが人が出たとき
に、すぐに受け入れられる
ようにじゅんびします。

① （　　　　　　）

火事の現場のまわりがじゅ
うたいするので、交通整理
を行います。

② （　　　　　　）

消ぼうしょの人と協力し
て、消火やきゅう助を行い
ます。

③ （　　　　　　）

POINTはココだよ！ 早く消火ときゅう助が行えるようにさまざまなところが協力しているね！

Social studies

19 しゃかい

かおりさんが消ぼうしょではたらいている人と会話しています。
（　）にあてはまる言葉や数字を書きましょう。

かおり　消ぼうしょは、夜はお休みですか？

ちがうよ、（ ❶　　　　　）時間いつでも出動
できるように交代ではたらいているんだ。　　　　　消ぼうしょの人

かおり　火事がないときは何をしていますか？

きゅう助の（ ❷　　　　　）や、消ぼう車や消ぼうに使う
道具の（ ❸　　　　　）をしているよ。今度かおりさんの
小学校へ火事からくらしを守るための話をしに行くよ。　　　消ぼうしょの人

POINTは
ココだよ！　消ぼうしょでは、いつでも出動できるようにじゅんびしているんだね！

20 しゃかい

次の文を読んで、火事を起こさないための正しい行動をすべてえら
び、（　）に〇を書きましょう。

❶ （　　） ストーブの近くでせんたく物をかわかす。

❷ （　　） 天ぷらをあげるときは、ずっとそばで見ている。

❸ （　　） 家のまわりに古新聞などもえやすいものはおかない。

❹ （　　） 花火をするときは、水を入れたバケツを用意する。

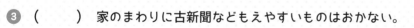

❺ （　　） アイロンはすぐ使えるようになるべくスイッチ
を入れておく。

POINTは
ココだよ！　火事を起こさないように日ごろの生活から心がけよう。

Social studies

地いきの安全を守る②

21 しゃかい

けいさつの仕事

次の（　）にあてはまる言葉や数字を下からえらんで書きましょう。

- 事こが起きたときは、（❶　　　　）番に電話をかけます。

- 通ほうがあると、（❷　　　　　　）がかけつけたり、消ぼうしょから（❸　　　　　）が出動したりします。

- けいさつは、安全を守るために（❹　　　　　　）を行ったり、（❺　　　　　　）で道案内などを行ったりしています。

通信指令室　110番

交番　　パトロール　　パトカー　　きゅう急車　　110

POINTはココだよ！　事この通ほうがあると、けいさつはすぐに現場にかけつけるよ！

22 しゃかい

はるかさんとゆうたさんが地いきの安全を守る取り組みについて話しています。（　）にあてはまる言葉や数字を下からえらんで書きましょう。

はるか　毎朝町内会の人が交代で（❶　　　　　　）をしているところを通るよ。

PTAの人たちが自転車で（❷　　　　　　）をしているのを見たことがあるよ。　ゆうた

はるか　わたしの帰り道には、こども（❸　　　　）番の家や店があって、きけんなときはすぐに助けをもとめることができるようになっているよ。

立ち番　　パトロール　　110　　119　　買い物

POINTはココだよ！　けいさつと地いきの人が協力してまちの安全を守っているんだよ！

23

次の絵はけいさつの仕事を表しています。何をしている様子か、線でむすびましょう。

① 　② 　③ 　④

| ア | ちゅう車いはんの取りしまり | イ | 道案内 | ウ | 交通整理 | エ | まちのパトロール |

POINTはココだよ！ けいさつは、地いきの人が安心してくらせるように仕事をしているんだ。

24

次のある市の事こ・事けんについてのグラフを見て、正しく読み取っているものをえらんで、記号を書きましょう。

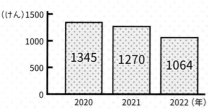

ある市の事このけん数

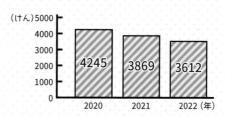

ある市の事けんのけん数

ア　事このけん数は、2021 年がいちばん多い。

イ　2022 年の事このけん数は、およそ 3600 けんである。

ウ　事こ・事けんのけん数は、どちらも年ねんへっている。

エ　事けんのけん数は、毎年 500 けんずつへっている。

（　　　）

POINTはココだよ！ 事こや事けんがへるよう、安全なまちづくりが進められているよ！

くらしのうつりかわり

25 しゃかい

道具のうつりかわり

道具のうつりかわりについて、なぞってまとめましょう。

昔 今

せんたく

 [せんたく板]

 ローラーつきせんたくき

 全自動せんたくき

りょう理

 [かまど]

 ガスコンロ

 ガステーブル

 [アイエイチ] 調理器

POINTは
ココだよ!

道具はどんどんべんりになってきているね。

26 しゃかい

次の ア ～ ウ の道具カードを見て、問題に答えましょう。

ア

イ

ウ

❶ 次のような使い方をする道具を、 ア ～ ウ からえらんで記号を書きましょう。

あ せんたく物をみぞの上でこするようにしてあらう。 （　　　）

い ボタンをおすと、だっ水までできる。 （　　　）

❷ ア ～ ウ の道具を古いじゅんにならべかえて、記号を書きましょう。

（　　　）→（　　　）→（　　　）

POINTは
ココだよ!

せんたくの道具はどんどんきかい化が進んでいるね。

次の日記は、おばあさん、お母さん、かいとさんが小学3年生のときに書いたものです。日記を読んで、書いた人にあてはまる番号を書きましょう。

❶ 4月25日
今日は、せんたくを手つだいました。せんたくする洋服を入れて、ボタンをおしたらあとはベランダでほすだけだったので、楽でした。

❷ 2月12日
今日は、せんたくを手つだいました。スイッチをおすだけで、せんたくからかんそうまでできるので、かんたんでした。

❸ 9月8日
今日は、ブラウスをだっ水する手つだいをしました。ローラーを回すと水がしぼり出されていくのがおもしろかったです！

おばあさん　（　　　）

お母さん　　（　　　）

かいとさん　（　　　）

 POINTはココだよ！　お手つだいの内容がどんどんかんたんになっているよ。

右の絵について、次の文が正しければ○を、まちがっていれば×を書きましょう。

❶（　　）りょう理をしているところである。

❷（　　）火の強さはかんたんにかえることができる。

❸（　　）今もほとんどの家庭でこの道具を使っている。

❹（　　）電気を使っていない。

❺（　　）火の強さは、人が息をふきこんで調整する。

 POINTはココだよ！　火とかまがあることから、何をしているか考えよう！

答え 16 ページ

Social studies

119

社会のお勉強 09 地図記号・世界の国旗

29 しゃかい

主な地図記号と世界の国旗をおぼえよう!

地図記号

◎	市役所 （しやくしょ）	卍	寺院 （じいん）	⊖	ゆうびん局 （きょく）
丹	神社 （じんじゃ）	田	病院 （びょういん）	📖	図書館 （としょかん）
⊗	けいさつしょ	‖	田	Y	消ぼうしょ （しょう）
∨	畑 （はたけ）	○	かじゅ園	川	あれ地

主な国の国旗

※国旗は国際連合（こくさいれんごう）で使用（しよう）しているたてと横（よこ）の比率（ひりつ）が2：3のものを使用しています。

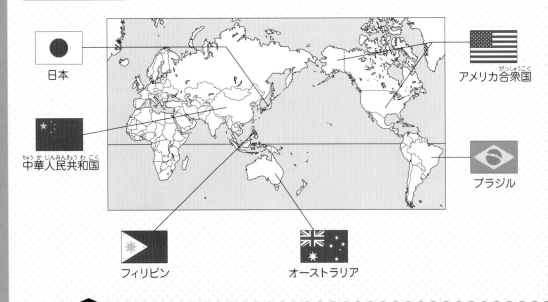

日本

アメリカ合衆国（がっしゅうこく）

中華人民共和国（ちゅうかじんみんきょうわこく）

ブラジル

フィリピン

オーストラリア

社会は
ココまで!

地図記号も国旗も、そのデザインになった理由（りゆう）があるよ！調（しら）べてみよう。

▲取りはずして使えるよ！▲

CUSTOM

CUSTOM i STUDY

小3

STUDY HAPPY

答え

なぞり書きの問題については、
答えを省略している場合があります。

英語の答え

01 アルファベット　▶ p.22-23

2

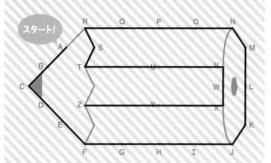

3 ①イ　②オ　③ウ　④エ　⑤カ　⑥ア

考え方 1 少し太くなっている文字を強く読みましょう。

2 ABCDEFGHIJKLMNOPQRS TUVWXYZ の順番に点を線でつなぐと、えん筆の絵ができます。

3 ABCD…と声に出しながら順番をかくにんしましょう。

02 アルファベット①　A〜F　▶ p.24-25

7

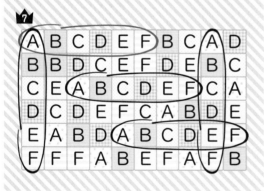

考え方 7 ABCDEF の順番になっているところを4つ見つけます。CとD、EとFのちがいに注意して見つけましょう。

03 アルファベット②　G〜L ▶ p.26-27

11 ①H　②K　③G　④L

考え方 11 たて線、横線、ななめの線、曲線など、それぞれのアルファベットの形を思い出してみましょう。

04 アルファベット③　M〜R ▶ p.28-29

15 M:2つ　N:1つ　O:3つ
　P:1つ　Q:2つ　R:3つ

考え方 15 MとN、OとQ、PとRは、それぞれ形がにているので、まちがえないように注意しましょう。

05 アルファベット④　S〜X ▶ p.30-31

19

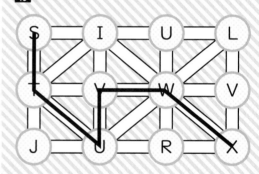

考え方 19 S→T→U→V→W→X の順番に進みます。

06 アルファベット⑤　Y, Z　▶ p.32

21 ①B　②E　③G　④K　⑤M　⑥P
　⑦R　⑧U　⑨W

考え方 21 AからZまでのアルファベットの読み方と書き方は、何度もくり返し練習して、しっかりとおぼえましょう。

アルファベットが正しく書けているか、かくにんしましょう。

A くっつける

B はみ出さない

C くっつけない

D はみ出さない

E はみ出さない

F はみ出さない

G 上から2本目の線の上

H 上から2本目の線の上

I 短く

J 左に曲げる

K くっつける

L くっつける

M 同じ広さで

N くっつける

O 左回りに

P はみ出さない

Q 書きわすれない

R くっつける

S 右上から書き始める

T くっつける

U なめらかな曲線に

V くっつける

W くっつける

X 真ん中で重なる

Y 真ん中で重なる

Z くっつける

1 （〇をつけるほう）①五十音 ②ひらがな
③にごらない ④後

2 ①飲む ②なる ③書く ④大きい
⑤よい

3 （〇をつけるほう）①すいか ②ピアス
③スイーツ ④ひょう ⑤きん ⑥ペン

4 ①⑦→⑦→⑦→⑦
②⑦→⑦→⑦→⑦
③⑦→⑦→⑦→⑦
④⑦→⑦→⑦→⑦

考え方 **1** 国語辞典を使うときにはたくさんのき
まりがあります。おぼえておきましょう。

2 言葉は、文の中でいろいろな形にかわりま
す。すぐ後ろに「。」をつけるとどのような
形になるかを考えましょう。

3 ⑥「ペン」と「ペンギン」は2文字目までは
同じで、「ペンギン」は3文字目と4文字
目があります。このようなときは、3文字
目がない「ペン」が先になります。

4 まずはひらがなに直し、1文字目から五十
音じゅんにならべてみましょう。④は、の
ばす音に注意しましょう。

5 ①近く ②聞き手 ③遠く ④はっきり

6 ①この ②あそこ ③そちら
④どっち ⑤ああ

7 ①⑦ ②⑦ ③⑦ ④⑦ ⑤⑦

8 ①これ、トランプ
②あれ、（大きな）かんらん車
③あそこ、公園 ④そこ、つくえ

考え方 **5** こそあど言葉を使うときは、話し手や
聞き手とのきょりや、聞き手が同じものを
見ているかどうかに、気をつけましょう。

6 「あ」のつく言葉は、ほかの言葉とちがう形
になるところがあります。

7 ②⑤は、指ししめすものがはっきりしない
ので、「ど」のつく言葉を使います。

8 こそあど言葉が指ししめしているのが、
「物事」「場所」「方向」「様子」のどれにあては
まるか、かくにんしましょう。

9 ①わる ②いけん ③うんてん
④おんど ⑤ひら ⑥さむ
⑦きゅうそく ⑧にが ⑨かる ⑩き
⑪みずうみ ⑫だいこん

10 ①⑦ ②⑦ ③⑦ ④⑦

11 ①⑦ ②⑦ ③⑦ ④⑦

12 ①今度 ②運動会 ③開会
④速 ⑤悪 ⑥寒

考え方 **9** ①⑤⑥⑧⑨⑩は送りがながひつような
訓読みです。⑪は音読みでは「こ」と読みま
す。②③④⑦⑫は、2つの漢字の音読みを
合わせたじゅく語です。

10 ④は、文をしっかり読んで答えましょう。
「まどを開く」という文では、漢字の読みは
「ひら（く）」となります。前の言葉や送りが
なに注意しましょう。

11 ④「温かい」は、送りがなをまちがえやすい
ので、気をつけましょう。

12 ①「今」は、音読みでは「こん」と読みます。
「今」を使ったほかのじゅく語には、「今回」
などもあります。
⑤「悪」⑥「寒」は、書きじゅんをまちがえや
すいので注意しましょう。書きじゅんが分
からないときは漢字辞典を使って調べま
しょう。

04 言葉の分類　▶ p.40-41

⓭ ①動き　②話す　③様子　④大きい
⑤物や事　⑥子ども

⓮ ①エ、カ、ク　②イ、オ、ケ
③ア、ウ、キ、コ

⓯ ①ウ　②ア　③イ　④ア　⑤イ

⓰ ①れい 店で新しいテーブルを買った。
②れい 遠足の日に晴れてうれしい。

考え方 ⓭ 様子を表す言葉には、動きや物事をくわしくせつめいするはたらきがあります。

⓮ カ「おどる」は動きを表しますが、「おどり」となると、物や事を表します。

⓯ 言い切りの形に直して、さいごが「い」で終わるものは様子を表す言葉です。

⓰ ①「新しい」は「テーブル」をくわしくせつめいするように使うとよいでしょう。

05 主語・述語・修飾語　▶ p.42-43

⓱ ①何が　②どんなだ　③どのように

⓲ (〇をつける言葉)①魚が　②弟が
③色も　④妹は　⑤いちごが

⓳ ①イ、ウ　②イ　③ア、ウ
④ア、ウ、エ　⑤ア、イ、エ

⓴ ①きれいに　②あまい
③姉の、大切な
④駅前から、バスに
⑤スケジュールを、ペンで

考え方 ⓱ 主語―述語の文には、「何が(だれが)―どうする」「何が(だれが)―どんなだ」「何が(だれが)―何だ」「何が(だれが)―ある(いる・ない)」の４つのしゅるいがあります。

⓲ 「何(だれ)が」にあたる言葉をさがしましょう。

⓳ ⑤「学校の」も「白い」も、「子ウサギは」を修飾しています。

⓴ ②「とても」は、「あまい」を修飾しています。

06 漢字の読み書き②　▶ p.44-45

㉑ ①あんぜん　②およ　③かわぎし
④しんじつ　⑤がくしゅう　⑥しんかい
⑦すす　⑧お　⑨めいめい　⑩あそ
⑪なが　⑫ね

㉒ ①イ　②ウ　③ア　④イ

㉓ ①ア　②イ　③ウ　④ア

㉔ ①遊　②流　③進　④水泳
⑤習　⑥安心

考え方 ㉑ ⑫は「計画を練る」などと使います。

㉒ ①「川岸」は「川」も「岸」も訓読みですが、「海岸」は「海」も「岸」も音読みです。

㉓ ②「実」は、「み」と「みの(る)」の２つの訓読みがあります。

㉔ ④「泳」の右がわを「水」や「氷」にしないように注意しましょう。

07 ことわざ・慣用句　▶ p.46-47

㉕ ①昔　②ちえ　③２つ　④ちがう

㉖ ①―エ　②―ア　③―イ　④―ウ

㉗ ①顔　②口　③手　④目　⑤耳

㉘ ①イ　②ア　③ウ　④イ　⑤ウ

考え方 ㉕ 「善は急げ」⇔「せいてはことをしそんじる」のように反対の意味になることわざもたくさんあります。

㉖ 「馬の耳に念仏」「犬も歩けばぼうに当たる」など、動物に関係するものも多くあります。

㉗ 慣用句には人間の体に関係のあるものが多くあります。それぞれおぼえましょう。

㉘ ①とてもほしいこと、②いそがしくてどんなてつだいでもほしいこと、③急いでいるときは、遠回りでも安全な道をえらんだほうがけっきょくは早いということ、④うっかり言ってしまったことが不幸につながることがあるということ、⑤あきれかえること、の意味です。

㉙ ①くら　②ほうこう　③はじ
④うつ　⑤しゅうかい　⑥だいどころ
⑦あつ　⑧みじか　⑨へんそう　⑩のぼ
⑪らくよう　⑫しんりょく

㉚ ①ウ　②イ　③ア　④イ

㉛ ①ウ　②ア　③ウ　④イ

㉜ ①暑　②緑　③葉　④集　⑤始
⑥写真

考え方 **㉙** ④「写す」は、「べつのものにうつしとる」という意味です。「文字をノートに写す」のように使います。

㉚ ②「短所」は、「よくないところ」という意味です。反対の意味の言葉は「長所」です。

㉛ ③「集める」は、よく使う言葉なので、送りがなをしっかりおぼえましょう。

㉜ ②「緑」の右下の部分は「水」ではないので気をつけましょう。

㉝ ①音　②じゅく語　③訓　④送りがな

㉞ ①てん、みせ　②そく、た、あし
③かん、げん、あいだ、ま
④みの、み、じつ

㉟ ①キョウ　②ゴウ　③ギョ、さかな
④ゲン、こと　⑤クン、きみ

㊱ ①の、訓読み　②だん、音読み
③しょう、音読み　④けい、音読み
⑤かたち、訓読み

考え方 **㉝** 音読みは、音だけを聞いても意味が分からないものがほとんどです。

㉞ ③「間」のように音読みも訓読みも２ついじょうあるものもあります。

㉟ ②「合」は「合体」、④「言」は「無言」などのじゅく語があります。

㊱ ①「飲」の音読みは「いん」、③「勝」の訓読みは「か（つ）」です。

㊲ ①そだ　②かかり　③こうふく
④と　⑤け　⑥しょくぶつ　⑦ま
⑧ちゅうもく　⑨はいぶん　⑩びか
⑪びょうどう　⑫ちょうわ

㊳ ①イ　②ア　③イ　④ウ

㊴ ①イ　②ウ　③イ　④イ

㊵ ①植　②育　③和　④配　⑤化
⑥幸

考え方 **㊲** ⑦「待」は、「持」とのちがいに注意しましょう。

㊳ ①の「体育」は、「たいく」と発音しがちですが、正しくは「たい-いく」です。

㊴ ②の「注」も「柱」も音読みは「チュウ」ですが、「柱」の訓読みは「はしら」です。

㊵ ③「和」は、ここでは「日本の」という意味で、「和室」や「和食」というじゅく語もあります。

㊶ ①おおざと　②うかんむり
③こころ　④やまいだれ

㊷ ①ウ、オ　②ア、キ　③カ、コ
④エ、ク　⑤イ、ケ

㊸ 発ーエ　顔ーア　等ーオ
点ーウ　院ーイ

㊹ ア＋ク＝帳　イ＋オ＝庫
ウ＋キ＝波　エ＋カ＝鉄

考え方 **㊶** 部首は、漢字のグループ分けの目じるしになります。少しずつおぼえましょう。

㊷ ⑤「扌」がつく漢字は、手の動きに関係のあるものが多いです。

㊸ 「たけかんむり」の形は「⺮」で、上のほうにつきます。

㊹ 「广」がつく漢字は、たてものに関係のあるものが多いです。

算数の答え

01 かけ算　▶ p.58

1 ①大きく　②小さく　③同じに
2 ①7　②2　③0　④0　⑤5
　　⑥4、40

考え方 **1** かける数とかけられる数をまちがえないように注意しましょう。
2 ③たとえば、5×0は、5×1より5小さくなるから、答えは0になります。
④たとえば、0×2は、0の2こ分と考えると、答えは0になります。

02 時こくと時間　▶ p.59

3 ①秒　②時間　③秒　④分　⑤分
4 ①3時20分　②30分

考え方 **3** ①③「秒間」と答えてもよいです。
④⑤「分間」と答えてもよいです。
4 ①3時までの時間を考えて、のこりの時間だけ進めた時こくをもとめます。
②11時までの時間と、11時からの時間に分けて考えるとよいです。

03 わり算　▶ p.60-61

5 ①♡♡　♡♡　♡♡　♡♡、4
　　②8、2、4　③4
6 ①4　②6　③8　④7　⑤9　⑥5
　　トライアングル
7 ①10、10　②0、0　③21、21
8 ①何人、1人分の本数　②何本、人数

考え方 **5** ②「何人に分けられますか。」という問題のときは、わり算を使います。
6 答えが出たら、かけ算を使って答えのたしかめをしましょう。
7 ①何十のわり算は10の何こ分かで考えることもできます。

②えん筆が0本のときはだれにも分けることができないから、1人分は0本です。
8 「何人に分けられますか。」のときも、「1人分は何本ですか。」のときも、わり算を使います。

04 たし算とひき算の筆算　▶ p.62-63

9
①
```
  128
+216
  344
```
②
```
  239
+189
  428
```
③
```
  902
+ 28
  930
```
④
```
  717
+564
 1281
```

10 ①699　②745　③902
　　④500　⑤1039　⑥1004

11
①
```
  351
-214
  137
```
②
```
  563
-192
  371
```
③
```
  753
-458
  295
```
④
```
  806
-127
  679
```

12 ①501　②84　③6
　　④489　⑤741　⑥694

考え方 **9** ②十の位と百の位に1くり上げます。
10 ⑥十の位と百の位、千の位に1くり上げます。
```
 111
 995
+  9
1004
```
11 ①十の位から1くり下げます。
12 ②百の位に0をかかないように注意しましょう。
```
  3 4
 4 5 2
-3 6 8
   8 4
```

⑬ ①表題　②人数　③たんい
　④動物のしゅるい　⑤ぼう

⑭
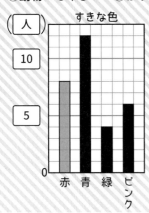

考え方 ⑬ 横には調べたもののしゅるいをかきます。また、たてには調べたものの目もりのたんいをかきます。

⑭ ぼうグラフは次のようにかきます。
　①表題「すきな色」をグラフの上にかきます。
　②たてに人数の目もり「0、5、10」をかきます。
　③たての目もりのたんい「(人)」をたての目もりの上にかきます。
　④横に「赤、青、緑、ピンク」をかきます。
　⑤「8人、12人、4人、6人」にあわせた長さのぼうをグラフの中にかきます。
　　ぼうとぼうの間は1列あけてかきます。

⑮ ①🍎🍎🍎🍎 🍎🍎🍎🍎 🍎🍎🍎🍎 🍎🍎
　②3、2、3、2
　③⑦切れる　⑦切れない

⑯ ①4、1　②8、2　③2、1　④3、1
　うでどけい

考え方 ⑮ ②①で ⬭ が3組、あまりのりんごが2こだから、14÷4の答えは3あまり2です。

⑯ 答えが出たら、かけ算を使って答えのたしかめをしましょう。

⑰ ①万　② 52073000
　③一億(1億)、100000000

⑱ ① 8、4、3、6　② 90270100
　③ 350　④ 40800000（4080万）
　⑤ 6000000（600万）

⑲ ①⑦＜　⑦＞　②あ 8600　⑤ 10000
　③ 75000

⑳ ① 900、9000、90000、9
　② 6700、67000、670000、67

考え方 ⑰ ①大きい数は、一の位から4けたずつ区切るとよみやすくなります。

⑱ ① 1000万は 10000000、100万は 1000000、10万は 100000、1万は 10000です。
　③ 1万を 100こ集めた数は 1000000です。

⑲ ①⑦数の大きさをくらべるときは、大きい位からじゅんにくらべます。一万の位はどちらも6ですが、千の位が0と3だから、63900のほうが大きいです。
　③ 1000が何こ分になるかを考えます。

⑳ 10倍すると右はしに0を1こつけた数になります。
　100倍すると右はしに0を2こつけた数になります。

㉑ ① 1000　②⑦ cm　⑦ km　⑦ m
㉒ ① 1500、500　② 1700、900

考え方 ㉑ 1000mの長さを「1km」とかいて、「1キロメートル」とよみます。

㉒ 同じたんいどうしをたしたり、ひいたりしましょう。

㉓ ①円、中心、半径、直径　②球
㉔ ① 4　②⑦ 4　⑦ 12

考え方 ㉓ 直径は、円の中にひいた直線の中で、いちばん長い直線です。

㉔ ①円の直径は、半径の 2 倍です。

10 1 けたをかけるかけ算の筆算　▶ p.70

㉕ ①
```
    3 4
×     2
  6 8
```
②
```
    2 1 3
×       3
  6 3 9
```

㉖ ①69　②476　③2950　④5034

考え方 ㉕ ①2×4 の答えを一の位、2×3 の答えを十の位にかきます。

㉖ 一の位からじゅんに計算しましょう。
③
```
    5 9 0
×       5
  2 9 5 0
```

11 重さ　▶ p.71

㉗ ①1000　②㋐g　㋑t　㋒kg

㉘ ①1100、100　②1500、900

考え方 ㉗ 1g を 1000 こ集めた重さは 1kg、1kg を 1000 こ集めた重さは 1t です。

㉘ 同じたんいどうしをたしたり、ひいたりしましょう。

12 小数　▶ p.72-73

㉙ ①㋐0.1　㋑0.8　㋒1
　②㋐小数　㋑小数点　㋒整数

㉚ ①0.7　②4.6　③7、5　④>

㉛ ①0.9　②1　③2.3　④4.1
　⑤0.5　⑥0.9　⑦0.7　⑧4.1
　(①)と(⑥)、(④)と(⑧)

㉜ ①6.4　②11　③8.8
　④3.6　⑤1.4　⑥0.8

考え方 ㉙ ①1 は、0.1 を 10 こ集めた数です。

㉚ ①1cm＝10mm だから、1mm＝0.1cm です。
　④小数の大きさをくらべるときは、大きい

数直線では、右にいくほど数が大きくなります。

㉛ 0.1 が何こ分になるかを考えましょう。

㉜ 整数のたし算、ひき算と同じように計算し、上の小数点にそろえて答えの小数点をうちます。
②
```
    7.6
+   3.4
  1 1.0
```

13 分数　▶ p.74-75

㉝ ①㋐$\frac{1}{5}$　㋑1　②分子、分母

㉞ ①$\frac{1}{4}$　②7　③$\frac{5}{9}$　④<

㉟ ①㋐10　㋑10　②㋐>　㋑=　㋒<

㊱ ①$\frac{5}{7}$　②$\frac{4}{5}$　③1　④$\frac{1}{4}$　⑤$\frac{4}{9}$　⑥$\frac{1}{10}$

考え方 ㉝ ①$\frac{5}{5}$ のように、分子と分母が等しい分数の大きさは、1 と同じです。

㉞ ④数直線を使って大小をくらべましょう。

㉟ ②小数と分数の大きさをくらべるときは、小数か分数にそろえてからくらべます。たとえば、分数にそろえてからくらべるときは、㋐の 0.8 は $\frac{8}{10}$、㋑の 0.5 は $\frac{5}{10}$ と考えましょう。㋒の 1 は $\frac{10}{10}$ と考えて、大きさをくらべます。

㊱ 分母が同じ分数どうしのたし算、ひき算は、分子どうしをたしたり、ひいたりします。
　③答えの分数の分子と分母が同じときは、1 になおしましょう。
　⑥1 から分数をひくひき算では、1 を、ひく数の分母の分数にそろえてから計算します。

㊲
2 6	2 6	2 6
× 3 4	× 3 4	× 3 4
1 0 4	1 0 4	1 0 4
	7 8	7 8
		8 8 4

㊳ ① 714　② 4100　③ 7275

㊴
1 5 6	1 5 6	1 5 6
× 6 2	× 6 2	× 6 2
3 1 2	3 1 2	3 1 2
	9 3 6	9 3 6
		9 6 7 2

㊵ ① 8190　② 14688　③ 60130

考え方 ㊲ 26×4 の答えは一の位から、

26×3 の答えは十の位からかきます。

㊳ くり上がりに注意しましょう。

千の位が出てくるときは位をふやしましょう。

②　　　5 0
　　× 8 2
　──────
　　1 0 0
　4 0 0
　──────
　4 1 0 0

㊴ 156×2 の答えは一の位から、

156×6 の答えは十の位からかきます。

㊵ くり上がりに注意しましょう。

位をまちがえないように、たてにそろえてかくようにしましょう。

②　　4 0 8
　× 　3 6
　──────
　2 4 4 8
1 2 2 4
──────
1 4 6 8 8

③右のように 1 だんでかいてもよいです。

　　8 5 9　　　　　　8 5 9
　× 　7 0　　　　　× 　7 0
　──────　　　　──────
　　0 0 0　　➡　6 0 1 3 0
6 0 1 3
──────
6 0 1 3 0

㊶ ①二等辺三角形　②正三角形　③角

㊷ ①（二等辺三角形）い、（正三角形）え

②い、あ、う

考え方 ㊶ ①二等辺三角形は、2 つの辺の長さが等しい三角形です。

②正三角形は、3 つの辺の長さがみんな等しい三角形です。

③角をつくっている辺の開きぐあいを、「角の大きさ」といいます。

㊷ ①コンパスを使って、辺の長さが等しいかどうかをかくにんしましょう。

2 つの辺の長さが等しい三角形が二等辺三角形、3 つの辺の長さがみんな等しい三角形が正三角形です。

②辺と辺の開きぐあいが大きいほうが、角は大きくなります。

㊸ ①い　②う

㊹ ①あ　② 15÷□＝5　③ 3

考え方 ㊸ ① 1 ふく 3 のあめの数は□こで、

1ふく3のあめの数 － 食べる数 ＝ のこりの数

だから、□－2＝16 になります。

②あめが□こはいったふくろが 2 つあるので、あめの数は全部で□この 2 倍になります。

だから、□×2＝16 になります。

㊹ ①リボンを同じ長さずつ分けるから、わり算を使います。

②①のあの式にあてはめます。全体の長さは 15m で、1 人分の長さは 5m です。

③□にいろいろな数をあてはめましょう。

15÷ 1 ＝5…×

15÷ 2 ＝5…×

15÷ 3 ＝5…○

01 植物のつくりと育ち① ▶ p.82-83

❶ め、子葉、数

❷ ⑦→⑦→⑦

❸ ①⑦葉　⑦子葉　⑦葉　①子葉

　　②⑦

　　③①

❹ ①子葉　②5cm　③3まい

考え方 **❶** たねをまいてしばらくすると、めが出ます。そのあと、子葉が出て、やがて葉の数がふえていきます。

❷ 植物の育ち方から、かんさつしたじゅんを考えます。

❸ 葉の形などはちがっていても、体のつくりや育つじゅんは同じです。

❹ 植物が育つと、草たけがのびて、葉の数はふえることから、あてはまるものをえらびます。

02 植物のつくりと育ち② ▶ p.84-85

❻ 根：しげる　くき：ゆうこ　葉：めい

❼ ⑦

❽ め、大きく、つぼみ、花、実、たね

考え方 **❺** 植物の色や形、大きさはさまざまですが、どれも根・くき・葉からできています。また、どの植物も同じじゅんで育ちます。

❻ 植物の体は根・くき・葉からできています。土の中には根が広がっています。花や葉はくきについています。

❼ 花がさいたあとに実ができます。

❽ ホウセンカなどの植物は、夏にかけて大きくなり、秋には実をのこしてかれます。

03 こん虫のつくりと育ち① ▶ p.86-87

❿ ⑦→⑦→①→⑦

⓫ ①⑦頭　⑦むね　⑦はら

　　②こん虫

　　③①しょっ角　⑦目　⑦口

⓬ たまご－何も食べない

　　よう虫－キャベツの葉

　　さなぎ－何も食べない

　　せい虫－花のみつ

考え方 **❾** こん虫の体は、頭、むね、はらからできていて、むねには6本のあしがついています。

❿ たまご→よう虫→さなぎ→せい虫のじゅんに育つので、このじゅんにならべます。

⓫ 目や口、しょっ角があるのが頭、あしがついているのがむねです。

⓬ モンシロチョウのよう虫はキャベツの葉を食べ、せい虫は花のみつをすいます。

04 こん虫のつくりと育ち② ▶ p.88-89

⓭ たまご、よう虫、せい虫、同じ

　　食べ物、かくれる

⓮ たまご、よう虫、さなぎ、皮

⓯ 6、むね、ふし

⓰ ①草むら　②ほかの虫　③木のしる

考え方 **⓭** チョウやカブトムシとちがい、バッタやトンボはさなぎになりません。

⓮ こん虫は皮をぬいで大きくなります。また、さなぎになるこん虫と、ならないこん虫がいます。

⓯ こん虫のはらには、ふしがあります。

⓰ こん虫は、食べ物があって、かくれる場所があるところにすんでいます。

05 風やゴムの力のはたらき ▶ p.90-91

⑰ ある、大きく
ある、長く

⑱ ①⑦
②短くなる

⑲ ① 2m ④ 10m

⑳ ごう

考え方 ⑰ 風やゴムには、ものを動かす力があります。

⑱ 風を強くすると、ものを動かす力は大きくなります。

⑲ ゴムを引っぱる長さを長くしたり、本数を多くしたりすると、ものを動かす力は大きくなることから、あてはまるものをえらびます。

⑳ けんさんのくふうでは、1回目より車を動かす力が大きくなって、止まるいちがさらにまとからはなれてしまいます。

06 かげのでき方と太陽の光 ▶ p.92-93

㉑ 反対、東、西、北
①明るい　②しめっている

㉒ 日光、同じ、せなか

㉓ ①東　②東　③西

㉔ ① 13℃　② 20℃
③あたたかく　④つめたく

考え方 ㉑ かげは、太陽の反対がわにできます。太陽は東から南を通って西に動くので、かげは西から北を通って東に動きます。

㉒ 太陽はせなかのほうにあるので、せなかがあたたかく感じます。

㉓ 太陽が東にあるとき、かげは西にできます。太陽は東から南の空を通って西に動きます。

㉔ 日なたの地面は日光であたためられます。午前9時より正午のほうが温度は高くなります。

07 光のせいしつ ▶ p.94-95

㉕ かがみ、明るく、まっすぐに、
虫めがね

㉖ ①まっすぐに進む　②できる　③なる

㉗ ①⑦　②⑦→⑦→⑦　③⑦

㉘ さとし

考え方 ㉕ 光はかがみではね返したり、虫めがねで集めたりすることができます。

㉖ かがみではね返した日光も、まっすぐに進みます。はね返した日光が当たったところは、明るく、あたたかくなります。

㉗ はね返した日光がたくさん重なっているところほど、明るく、あたたかくなります。

㉘ 虫めがねで日光を集めるとき、明るい部分を小さくしたほうが、より明るく、あつくなります。

08 音のせいしつ ▶ p.96-97

㉙ ふるえて
大きい、小さい

㉚ ふるえる、止まる、大きくなる

㉛ ①糸　②⑦　③⑦

㉜ ①強くたたく
② 1回目
③小さくふるえているとき

考え方 ㉙ ものから音が出たり、つたわったりするとき、ものはふるえています。

㉚ 音を出しているもののふるえを止めると、音も止まります。

㉛ 糸電話は、糸がふえることで音をつたえます。糸をたるませたり、糸のとちゅうをつまむと、ふるえがつたわらないので、音はつたわりません。

㉜ たいこを強くたたくと、音は大きくなります。

▶ p.98-99

09 電気の通り道

㉝ 一、電気、回路
金ぞく、通さない
㉞ ①⑦豆電球　④かん電池
　　⑦ソケット　①どう線
　②あ
㉟ 明かりがついた：めいみ
明かりがつかなかった：つきな、るな
㊱ ①鉄、アルミニウム、銅に〇
②金ぞく

考え方 **㉝** 金ぞくには電気を通すせいしつがあります。回路のとちゅうがはなれていると、豆電球に明かりはつきません。
㉞ かん電池には＋きょくと－きょくがあります。ソケットは豆電球をはめて使います。
㉟ 豆電球につながるどう線のいっぽうをかん電池の＋きょくに、もういっぽうを－きょくにつないだとき、明かりがつきます。
㊱ 鉄、アルミニウム、銅は金ぞくで、電気を通します。金ぞくではないプラスチック、紙、木、ガラスは電気を通しません。

10 じしゃくのせいしつ
▶ p.100-101

㊲ 鉄、はたらく、近い、じしゃく、
しりぞけ合う、引き合う
㊳ 空きかん（鉄）、スプーン（鉄）に〇
㊴ ①Sきょく　②⑦
㊵ ①Sきょく　②Nきょく　③引き合う

考え方 **㊲** 鉄はじしゃくにつき、その鉄はじしゃくになります。じしゃくの力は、じしゃくと鉄がはなれていたり、間にじしゃくにつかないものがあったりしても、はたらきます。その力は、じしゃくに近いほど強くはたらきます。
㊳ すべての金ぞくがじしゃくにつくのではありません。電気を通すものとのちがいに注意しましょう。

㊴ じしゃくにはNきょくとSきょくがあります。じしゃくの力は、きょくの部分で強くなっているので、ゼムクリップはぼうじしゃくのきょくの部分につきます。
㊵ じしゃくの同じきょくどうしはしりぞけ合い、ちがうきょくどうしは引き合います。このことから、きょくが書かれていないじしゃくでも、きょくがわかります。

11 ものと重さ
▶ p.102-103

㊶ 形、重さ
同じ、ちがう
㊷ ①かわらない
②かわらない
㊸ あいか
㊹ ①鉄のおもり
②木のおもり
③いえない

考え方 **㊶** ものの形がかわっても、重さはかわりません。もののしゅるいがちがうと、同じ体積でも重さはちがいます。
㊷ ねんどの形をかえる前とかえた後で、重さはかわりません。
㊸ ものの形をかえても重さはかわらないように、体重計へののり方をかえても、重さはかわりません。また、服を着ていたり、ものを持っていたりすると、体重計にはその分だけ重くしめされることになります。
㊹ グラフより、重いほうから鉄、アルミニウム、木のじゅんになります。

01 学校のまわり　▶ p.106-107

1 えんぴつ、時計、カメラ

2 ①方位じしん　②カメラ　③時計

④えんぴつ　⑤地図

3 ①北　②ア　③きょり

4 ①市役所　②けいさつしょ

③ゆうびん局　④はく物館（美じゅつ館）

⑤病院　⑥寺院　⑦神社　⑧図書館

⑨消ぼうしょ　⑩かじゅ園

考え方 **1** えんぴつはメモをとるのにひつような筆記用具です。カメラはたんけんした場所の様子を写すことができます。

2 ①方位じしんは、方位を調べる道具です。

3 ①方位じしんは色のついたはりが北を指します。色のついたはりに「北」の文字をあわせて使いましょう。

②イが西、ウが東、エが南です。

4 ②けいさつしょの地図記号は、けいさつ官が持っているけいぼうを交差させた形を〇でかこんだものです。交番は〇でかこまないことで区べつしています。

⑨消ぼうしょの地図記号は、江戸時代の火消しの道具であるさすまたの形です。

このように地図記号のなりたちをあわせておぼえましょう。

02 市の様子　▶ p.108-109

6 ①〇　②×　③〇　④×

7 ④

8 さき

考え方 **5** 地図記号を使うことで、地いきの様子をわかりやすく表すことができます。

6 ①川は、土地の高いところからひくいところに流れていきます。地図の上、つまり北のほうに土地の高いところがあり、地図の下、つまり南のほうに海があることから、北のほうから南のほうに川が流れていることがわかります。

②川ぞいにある地図記号は‖です。‖は田を表す地図記号です。

③海ぞいにある地図記号は☼です。☼は工場を表す地図記号です。

④市役所の近くにある地図記号はYです。Yは消ぼうしょを表す地図記号です。図書館を表す地図記号は𝄐です。

7 じゅんこさんのせつ明の通りに進むと、次のようになります。

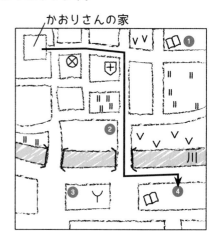

8 交番の地図記号はⓍです。交番を右に見ながらまっすぐ歩くと目の前には市役所があります。ゆいさんが南西に進み、左に曲がったところには、図書館があります。

03 農家の仕事　▶ p.110

9 ①たね　②なえ

③・④農薬・ひりょう　⑤とり入れ

10 ①11月　②7月　③3月

考え方 **9** 秋ねぎは秋にたねをまいて、次の年の秋にとり入れます。

10 冬の間になえを育て、畑をたがやし、春になえを畑に植えます。その後、水やひりょうをやるなど畑の世話をします。

14

11 ①せいけつ　②手　③ほこり
④消どく

12 ①ごみが入らないよう　②ぼうし
③目立つ

考え方 **11** 食べ物をつくる工場では、とくにせいけつになるように気をつけて、安全なものをつくるように注意しています。工場に入る前に服についたほこりを風ではらうきかいは、エアシャワーといいます。

12 ①手あらいやエアシャワーでせいけつになるように心がけています。
②ぼうしにかみの毛を入れておくことで、食べ物にかみの毛が入ることをふせぎます。

14 ①かんばん　②コンピューター
③レジ

15 ①⑦　②⑦　③⑦　④⑦

16 ①—⑦　②—⑦　③—⑦

考え方 **13** スーパーマーケットは、お客さんが買い物をしやすく、また来てもらえるようなくふうをしています。また、買い物するだけでなく、かんきょうや地いきの役に立つことを考えて活動しています。

14 スーパーマーケットのかんばんには、それぞれの場所で何が売られているかが書かれています。また、売っている品物は、品切れにならないようにコンピューターでかんりされています。レジの人は、すばやくせいかくにお金の受けわたしをしています。

15 スーパーマーケットではお客さんが買い物しやすいように、さまざまなくふうがされています。品物を売るだけでなく、ちゅう車場やリサイクルコーナーをつくってお客さんが来店しやすいようにしています。

16 お客さんのねがいにこたえられるよう、スーパーマーケットではさまざまなくふうをしています。そのくふうはお店によってそれぞれちがいます。

17 ① 119　②通信指令室　③ 24
④くん練　⑤点けん　⑥ぼう火

18 ①病院　②けいさつ官（けいさつしょ）
③消ぼうだん

19 ① 24　②くん練　③点けん

20 ②、③、④

考え方 **17** ②通信指令室は、地いきによってちがう名前でよばれることもあります。
④⑤消ぼうしょの人は、出動していないときは、火事にそなえたくん練や道具の点けんをしています。

18 ①病院では、けが人のちりょうをします。
②交通整理はけいさつの仕事です。
③消ぼうだんの人はふだんはべつの仕事をしていますが、火事のときは、消ぼうしょの人に協力して、消火にあたります。

19 ①消ぼうしょでは、いつ火事が起きても出動できるように、消ぼうしは 24 時間交代ではたらいています。

20 ①ストーブにもえやすいものを近づけると火事の原いんになるので、近づけないようにしましょう。
③家のまわりに古新聞など、もえやすいものをおくと放火の原いんとなるかもしれません。放火されないかんきょうづくりに注意しましょう。
⑤アイロンなど温度が高くなるような電化せい品は、使うときだけスイッチを入れるようにしましょう。

⭐**21** ① 110　②パトカー　③きゅう急車
④パトロール　⑤交番

⭐**22** ①立ち番　②パトロール　③ 110

⭐**23** ①ーエ　②ーウ　③ーア　④ーイ

⭐**24** ウ

考え方 ⭐**21** 事こを知らせるために 110 番に電話をかけると、通信指令室につながります。そこからけいさつしょ、パトカー、消ぼうしょにれんらくがいきます。

⭐**22** 地いきの安全が守られているのは、けいさつだけでなく、その地いきの人びとのおかげでもあります。

⭐**23** けいさつ官は、事けんが起きないようにまちのパトロールをしたり、事こが起きないように、ちゅう車いはんの取りしまりをしたりしています。ちゅう車場に入れていない車を取りしまるのは、他の車の通行のじゃまになり、交通じゅうたいや事この原いんになるからです。

⭐**24** グラフを見ると、事このけん数も、事けんのけん数も、へってきていることがわかります。ア事このけん数がいちばん多いのは、2020 年です。イ2022 年におよそ 3600 けんとなっているのは、事こではなく事けんのけん数です。エグラフから、2020 年から 2021 年の間で 376 けん、2021 年から 2022 年の間で 257 けんへっていることがわかります。

⭐**26** ①あイ　いア　②イ→ウ→ア

⭐**27** おばあさん③　お母さん①
かいとさん②

⭐**28** ①○　②×　③×　④○　⑤○

考え方 ⭐**26** ②イのたらいとせんたく板は、今から 70 年ほど前(明治から昭和の中ごろ)まで、

ウのローラーつきのせんたくきは、今から 60 年ほど前(昭和 30～40 年ごろ)まで使われていました。アの全自動のせんたくきは、今使われているせんたくの道具です。

⭐**27** ①のボタンをおしたらせんたくが終わっているのは、全自動せんたくきのことです。②は、かんそうきつきせんたくきです。③のローラーは、昔のせんたくきについていた、だっ水するための道具で、ハンドルを回して使います。

⭐**28** かまどはりょう理をする場所です。まきをもやして火を使います。火の強さを強くするには、人が息をふきこんだり、まきを入れたりしていました。今は、りょう理にはアイエイチ調理器などが使われています。

監修者　石田勝紀

（一社）教育デザインラボ代表理事。元公立大学法人 都留文科大学特任教授。1968 年横浜市生まれ。20 歳で学習塾を創業し、これまでに 4,000 人以上の生徒を直接指導。「心の状態を高める」「生活習慣を整える」「考えさせる」という 3 つを柱に指導することによって学力、成績を引き上げるのみならず、社会に出ても活用できるスキルとマインドの両方を習得させてきた。現在は子育てや教育のノウハウを、「カフェスタイル勉強会〜 Mama Cafe」、執筆活動、講演活動を通じて伝えている。国際経営学修士（MBA）、教育学修士（東京大学）。著書に『21 世紀を生き抜く学びを育てる小学生の勉強法』（新興出版社）、『子育て言い換え事典』（KADOKAWA）、『子どものスマホ問題はルール決めで解決します』（主婦の友社）、など多数。

【連載記事】
東洋経済オンラインで「ぐんぐん伸びる子は何が違うのか?」を隔週木曜日に連載し、累計 1.2 億 PV（2022 年 1 月段階）を超える。

【公式サイト】
https://www.ishida.online

LINE 公式アカウントで家庭学習をサポート

学習に役立つ情報を配信！ご購入いただいた教材を登録いただき、アンケートに答えると、プレゼント抽選に応募できます。いただいた情報は適切に管理し、商品開発、お客様への連絡に使わせていただきます。

新興出版社　　　　LINE をお使いでない方は
LINE 公式アカウント　　Web からも
　　　　　　　　　ご利用いただけます。

新興出版社のキャンペーンサイト

下記ホームページで各種キャンペーンを行っています。
https://www.shinko-keirin.co.jp/shinko/campaign/

発行所　株式会社 新興出版社啓林館
代表者　佐藤諭史

〒 543-0052　大阪市天王寺区大道 4 丁目 3 番 25 号
〒 113-0023　東京都文京区向丘 2 丁目 3 番 10 号
営業　0120-580-156　　編集　0120-402-156
受付時間 9:00 〜 17:00（土・日・祝日を除きます。）

ISBN978-4-402-33303-4

C6337　￥1300E

定価 1,430円

（本体1,300円＋税10%）

CUSTOM
i
STUDY